障害児教育＆遊びシリーズ 8

かたち●ことば●
小学生 かずのあそび 90

国松五郎兵衛著・芸術教育研究所編

黎明書房

この本の利用のしかた

　知的障害のある児童の学習は、「なすことによって学ぶ」ことが好ましいといわれています。しかも、低学年児童においては日常生活の中で反復して行なわなければ学習したものが容易に身につきません。低学年児童の生活は何といっても遊びが中心となります。しかし障害をもたない子どもにくらべて、近隣の子どもと自然発生的な遊びを楽しむといった経験の乏しい彼らにとっては、遊びそのものも指導してやらなければうまく遊べません。また学習という立場から考えますと、テンポをゆっくりと、段階を細かくしてスモールステップを考慮するということもたいせつです。

　このように児童の興味をなるべく持続させながら、発達の段階に即して、しかも学習したことが遊びを通して生活を豊かにしていくようなやり方はないものか、と考えながら、編集したのがこの書です。そのために実際にさしむかいで、あるいは学級の児童とともに遊んでみた上で編集してみました。遊びながら感じたことは、子どもは「遊びを楽しんでいる」のに、指導者は「学習させる」ことにせっかちにならないことがたいせつであるということです。遊びをくり返す過程で、児童はいろいろと学習することになるので、児童の興味が持続できることが肝要であるわけです。また学習のねらいが達成できたらそれを日常生活の中にうまくとり入れて、生活の中で生かしていくような工夫をしていただきたいと思います。

　ここに書かれた遊びは、子どもの生活の中で長い間育てられてきた自然発生的な遊びや、先輩の先生方が考案された遊びをもとにして、知的障害のある小学生の学習に沿うように編集したものです。従って精神年齢でいえば、大体3歳から5歳くらいまでで障害児教育の対象となるような児童を考えて、家庭での学習や学級におけるグループ指導に利用していただきたいと思います。ですから、新しい特効薬的なものではなく、従来あるものへの一つのなじませ方と考えていただいて、そこに指導する方の知恵を大いに生かして個人差に応じながらやっていくことが望まれます。

　児童によっては、途中からやってもよいし、2年間かけてやってもよいでしょう。その意味で期間を三つにわけてあるのは段階を示すものとして、児童に応じて1期をいつからいつまでとするかをきめていただけばよいのです。遊びの順序については、学習の系統化というものを十分に考えて配列したつもりです。一つや二つの順序変えはさしつかえありませんが、なるべく順序に従ってやっていただきたいものです。

　内容の程度は、知的障害の養護学校学習指導要領の目標及び内容を参考にして、ス

テップを細かくしながら進むように考えました。領域については「かたち」「ことば」「かず」の三つにわけましたが，小学生においてはあまりはっきりと分化せずに，相互に関連させながらやることが必要でしょう。「これは数の学習だから」ときめてしまわずに，数の学習の中でもことばの学習で得たものを生かしたり，それぞれの領域との程度をあわせたりしてください。

　一つ一つの遊びには児童におぼえられるようななまえがつけてあります。またその下のカッコ内の副題は学習のねらいを一言で表現するようにしてあります。児童にとっては遊び名を，指導者にとっては副題をしっかりとつかまえていただきたいのです。

　ねらいの欄にはその遊びのもつ発達的意義やその遊びの必要な理由，遊びを行なう児童の実態や到達段階が書かれてありますので，これから学習する児童がそこにあてはまるかどうかを知る目安となります。このねらいは1回で到達するとは限りません。何回か遊びを行なううちに次第に興味も深くなり自然に達成されていくと考えてください。

　準備する物の欄は，その遊びに必要な用品について書いてあります。なるべく簡単に準備できるものを考えましたが，教材教具のアイデアそのものが遊びの要素となる場合もありますので，そのために巻末に作り方などものせました。代替物を工夫して行なうことは大いに結構です。

　指導の欄は，児童の活動の流れを順序に従って書いてあります。本書の中の指導者のことばに束縛されずに，それぞれの児童に即したことばで指示していただきたいと思います。中に数種，遊びではないものものせてありますが，それについては指導する方の立場を示したものです。

　生活への発展の欄は，ここで学習したものを日常生活の場面にどう応用していったらよいのかということと，学習のねらいを達成するために，日常生活の場面の中でこんなことをすればよいといったことのサンプルを示してあります。学習のねらいと日常生活との密着ということは障害児教育の一番大切な問題ですので，サンプル以外にも大いに目をひらいていただきたいと思います。そして，学習したことがらが生活に生かされ，より豊かなものになるのが本書利用のねらいであります。

　最後に，本書刊行に際し岡崎女子短期大学助教授，小川英彦先生に最近の障害児教育の状況に照合してご校閲いただきましたこと，厚くお礼申し上げます。

　なお，本書は，既刊『ちえおくれの子のためのかたち・ことば・かずのあそび90』を書名変更し，改訂したものです。

　　平成14年4月

　　　　　　　　　　　　　　　　　　　　　　　　　　　　国松五郎兵衛

も　く　じ

　　　この本の利用のしかた　　　　　　　　　　　……　1
　　　〈かたち〉　各期の指導目標について　　　　　……　7
　　　〈ことば〉　各期の指導目標について　　　　　……　8
　　　〈か　ず〉　各期の指導目標について　　　　　……　9

第 1 期

　　第1期のねらい　　　　　　　　　　　　　　　　　……　11
かたち　スタンプあそび　　　　（いろいろな形に興味をもつ）　……　12
　　　　　おちばあつめ　　　　　　（簡単な形を見わける　1）　　……　14
　　　　　ダイヤさがし　　　　　　（簡単な形を見わける　2）　　……　16
　　　　　組み立てあそび（1）　　　（形を線で表わす）　　　　　　……　18
　　　　　ひらがなさがし　　　　　（ひらがなに気づく）　　　　　……　20
　　　　　ひらがなあつめ　　　　　（図形と文字を見わける）　　　……　22
　　　　　一寸ぼうし　　　　　　　（大小の意味がわかる）　　　　……　24
　　　　　大きな箱・小さな箱　　　（大小のくらべ方　1）　　　　……　26
　　　　　重ねっこ　　　　　　　　（大小のくらべ方　2）　　　　……　28
　　　　　クレーンあそび　　　　　（指先の力の加減ができる）　　……　30
　　　　　ひげかき・しっぽかき　　（直線をひく　1）　　　　　　……　32
　　　　　線路はつづくよ　　　　　（直線をひく　2）　　　　　　……　34
ことば　さわってあてよう　　　（ことばで考える　1）　　　　……　36
　　　　　よくみてあてよう　　　　（ことばで考える　2）　　　　……　38
　　　　　手をたたきましょう　　　（ことばに対して反応する）　　……　40

何をしていますか	（主語・述語を使って話す）	…… 42
ことばあつめ (1)	（ことばに関心をもつ　1）	…… 44
音あてごっこ	（いろいろな音を聞きわける）	…… 46
音まねあそび	（正しい発音ができる）	…… 48
しりとりあそび	（ことばに関心をもつ　2）	…… 50
お店のかんばん	（ひらがなで書かれたことばになれる）	…… 52
かるたあそび	（文字になれる）	…… 54

かず
鬼たいじ	（5までの数詞を唱える）	…… 56
10で立とう	（10までの数詞を唱える）	…… 58
だるま落とし	（数詞唱えと個数を対応させる　1）	…… 60
帽子おくり	（数詞唱えと個数を対応させる　2）	…… 62
多い少ない	（目分量でくらべる）	…… 64
音にあわせて	（音と動作を対応させる）	…… 66
ならべっこ	（並べて数える）	…… 68
紙やさん	（物と物とを対応させる　1）	…… 70
りんごの木	（物と物とを対応させる　2）	…… 72
組わけあそび	（数詞唱えと動作を対応させる）	…… 74

第1期のまとめ …… 76

第 2 期

第2期のねらい …… 77

かたち
どちらへ走っているのでしょう	（向きや位置を知る）	…… 78
風の向き・旗の向き	（二つの物の位置関係がわかる　1）	…… 80
お花をうえましょう	（二つの物の位置関係がわかる　2）	…… 82
とんとんしゅう	（右左・上下・前後がわかる）	…… 84
ひざをたたきましょう	（右左がわかる）	…… 86
テープの綱ひき	（長短をくらべる　1）	…… 88
長いトンネル・短いトンネル	（長短をくらべる　2）	…… 90
組み立てあそび (2)	（まる・三角・四角の特徴をとらえる）	…… 92

	点つなぎ	（三角・四角のなぞり描き）	…… 94
	でんでんむし	（うずまきを描く）	…… 96
	まがった道	（波形を描く）	…… 98
	橋をわたろう	（螺旋を描く）	…… 100
	ガラス絵・砂絵	（描くことへの興味をもつ）	…… 102
ことば	何といったらいいか	（思ったことが話せる）	…… 104
	まちがえたらズドン	（音を聞きわける　1）	…… 106
	ちがうときにはピッ	（音を聞きわける　2）	…… 108
	ことばあつめ（2）	（文字を読む　1）	…… 110
	あたま・おなか・おしり	（文字を読む　2）	…… 112
	せなかの字	（筆順に気づく）	…… 114
	きったりあわせたり	（文字を組み合わせてことばにする）	…… 116
	ストップあそび	（文字を並べて単語を綴る）	…… 118
	ネオンサイン	（ひらがなを書く意欲をもつ）	…… 120
	なまえを書こう	（なまえが書けるようになる）	…… 122
かず	魚つり	（物を数えられるようになる　1）	…… 124
	なんこ　なんこ　いくつ	（物を数えられるようになる　2）	…… 126
	あたりはなんばん	（数字を読む　1）	…… 128
	チャンネルあそび	（数字を読む　2）	…… 130
	だめないす	（数字を読む　3）	…… 132
	1，2と3，2と4と5	（数字を読む　4）	…… 134
	いすとり	（物と物とを対応させる　3）	…… 136
	玉入れ	（物と物との対応で多少を知る）	…… 138
	数字でうめよう	（数字を視写する）	…… 140
	カレンダー（1）	（曜日の順序を覚える）	…… 142
第2期のまとめ			…… 144

第　3　期

第3期のねらい　　　　　　　　　　　　　　　　　　　　　　…… 145

かたち	まわるもの	（中心の位置がわかる）	…… 146
	折り紙	（かどとへりがわかる）	…… 148
	切り紙，あわせずり	（対称図形に気づく　1）	…… 150
	たりないところさがし	（対称図形に気づく　2）	…… 152
	箱づめ	（並び方の順序がわかる）	…… 154
	おぼえてあてよう	（形を記憶する）	…… 156
ことば	電話で買い物	（受けこたえができる）	…… 158
	お店ごっこ	（ことばをつかって用事をはたす）	…… 160
	ことばおくり	（用件を伝える）	…… 162
	かりもの競争	（語として読む　1）	…… 164
	おつかい競争	（語として読む　2）	…… 166
	「しゃ」と「しや」	（拗音・促音・長音などを読む）	…… 168
	かんばんやさん	（文字を見て書く）	…… 170
	字かくし	（覚えた文字を書く）	…… 172
	ぬけ字さがし	（脱字に気づく）	…… 174
かず	五つの山	（5までの順序数がわかる）	…… 176
	数字絵あわせ	（数字の順序に並べる　1）	…… 178
	タワーづくり	（数字の順序に積む）	…… 180
	はしからたおすボーリング	（数字の順序に並べる　2）	…… 182
	床上すごろく	（数字と数とを結びつける）	…… 184
	とけいはいまなんじ	（音を数える）	…… 186
	電報ごっこ	（見えないものを数える）	…… 188
	トランプあそび	（数字の大小をくらべる）	…… 190
	点とり	（数字の数だけ数えとる）	…… 192
	カレンダー (2)	（カレンダーを読む）	…… 194
	第3期のまとめ		…… 196

　　　ふろく　　　　　　　　　　　　　　　　　　　　　　　…… 197

〈かたち〉 各期の指導目標について

かたち		
	ねらい	あそび
第1期	具体物を用いて，いろいろな形の弁別ができる。 抽象図形の弁別ができる。 文字と絵や図形との差異をみつけることができる。 大きい小さいの区別ができる。 指先の力の加減ができる。 位置や長さを考えて直線をひくことができる。	｛スタンプあそび 　おちばあつめ ｛ダイヤさがし 　組み立てあそび (1) ｛ひらがなさがし 　ひらがなあつめ ｛一寸ぼうし 　大きな箱・小さな箱 　重ねっこ 　クレーンあそび ｛ひげかき・しっぽかき 　線路はつづくよ
第2期	位置や向きのちがいがわかる。 右左・上下・前後がわかる。 長短・高低の区別ができる。 四角・三角状のものを描くことができる。 まるや曲線や波状のもの，回旋状のものを描くことができる。	｛どちらへ走っているのでしょう 　風の向き・旗の向き 　お花をうえましょう ｛とんとんしゅう 　ひざをたたきましょう ｛テープの綱ひき 　長いトンネル・短いトンネル ｛組み立てあそび (2) 　点つなぎ ｛でんでんむし 　まがった道 　橋をわたろう 　ガラス絵・砂絵
第3期	中心の位置がわかる。 対称図形がわかる。 並び方の順序がわかる。 記憶して描くことができる。	まわるもの ｛折り紙 　切り紙，あわせずり 　たりないところさがし 箱づめ おぼえてあてよう

〈ことば〉 各期の指導目標について

こ と ば		
	ね ら い	あ そ び
第 1 期	事物とことばの結びつきをスムーズにする。 動作や状態の言語化をはかる。 同じ音，ちがう音の区別ができる。 ことばが一つ一つの音の組み立てによってできていることがわかる。 事物とひらがなで書かれたことばとの結びつきをはかる。	さわってあてよう よくみてあてよう 手をたたきましょう 何をしていますか ことばあつめ (1) 音あてごっこ 音まねあそび しりとりあそび お店のかんばん かるたあそび
第 2 期	訴えや依頼のしかたがわかり，できるようになる。 正しい発音と正しくない発音が区別できる。 一文字一音で読めるようになる。 文字を組み立てて単語にすることができる。 枠の中をぬったり点線をなぞったりして文字を書くことができる。	何といったらいいか まちがえたらズドン ちがうときにはピッ ことばあつめ (2) あたま・おなか・おしり せなかの字 きったりあわせたり ストップあそび ネオンサイン なまえを書こう
第 3 期	伝言ができるようになる。 語として読めるようになる。 拗音，長音，促音が読める。 見ながら書くことができる。 記憶して書くことができる。 語句の中の脱字に気づく。	電話で買い物 お店ごっこ ことばおくり かりもの競争 おつかい競争 「しゃ」と「しや」 かんばんやさん 字かくし ぬけ字さがし

〈か　ず〉　各期の指導目標について

かず		
	ねらい	あそび
第1期	リズムに合わせて数詞を唱えることができる。	鬼たいじ 10で立とう だるま落とし 帽子おくり
	目分量によって多い少ないがわかる。	多い少ない
	個物と数詞との1対1の対応を確実にできるようにする。	音にあわせて ならべっこ 紙やさん りんごの木 組わけあそび
第2期	具体物や簡単な図形を数えることができる。	魚つり なんこ　なんこ　いくつ あたりはなんばん チャンネルあそび だめないす 1，2と3，2と4と5
	数字を読むことができる。（12まで）	
	1対1の対応により，多い少ないの判断ができる。	いすとり 玉入れ
	数字を書くことができる。（10まで）	数字でうめよう
	曜日の順序，よび方がわかる。	カレンダー　(1)
第3期	数を用いて順序を表わすことができる。	五つの山 数字絵あわせ タワーづくり はしからたおすボーリング
	直接目に見えないものも数えることができる。	床上すごろく とけいはいまなんじ 電報ごっこ
	個数と数字との結びつきをはかる。	トランプあそび 点とり
	カレンダーの見方がわかる。	カレンダー　(2)

第 1 期

第1期のねらい

- **かたち**
  具体物を用いて，いろいろな形の弁別ができる。
  抽象図形の弁別ができる。
  文字と絵や図形との差異をみつけることができる。
  大きい小さいの区別ができる。
  指先の力の加減ができる
  位置や長さを考えて直線をひくことができる。

- **ことば**
  事物とことばの結びつきをスムーズにする。
  動作や状態の言語化をはかる。
  同じ音，ちがう音の区別ができる。
  ことばが一つ一つの音の組み立てによってできていることがわかる。
  事物とひらがなで書かれたことばとの結びつきをはかる。

- **かず**
  リズムにあわせて数詞を唱えることができる。
  目分量によって多い少ないがわかる。
  個物と数詞との1対1の対応を確実にできるようにする。

スタンプあそび

(いろいろな形に興味をもつ)

ねらい

　この期の児童は，同じ形を発見することに対して非常に興味をもつようです。たとえば雪の上についた靴のあとや，ぬれた足で廊下を歩いて足あとのつくようすを見たり，ガラスに自分の手型をいくつもつけてよろこんでいるようすからもわかります。そのことを利用して形に興味をもたせ，形への意識を高めましょう。

準備する物

・　用紙，スタンプ台2色くらい，消しゴム，芋，ちり紙，びんのふた，えんぴつなど。

指　導

1. 指導者が楽しそうにやってみせます。初めは1枚の用紙に一つの単純な形(芋などを切って○を押してみるのもよい) を押してみます。何度押しても同じ形がでてくることに興味をもたせます。また，色を変えてやってみましょう。あまり多色を用いると，色の方へ興味がそれてしまうので，ここでは2色くらいがよいでしょう。
2. 児童に自由にやらせてみます。色がうすかったり一部分が欠けたりした場合には「ここのところが少しきえていておもしろいね」といって，形の変化にも気づかせましょう。位置の変化にも気づかせます。
3. 押すところをきめて押してみます。
4. 2種類の型を押してみましょう。
　連続もようの指導をしてもよいでしょう。(右図)
5. 押せるものをさがしてきて押してみます。

かたち　第１期

生活への発展

1.　不要になった名刺の裏などに，芋や消しゴムでスタンプ押しをしてトランプを作ってもよいでしょう。この場合も押す位置をはっきり指示しておく必要があります。また，押す数は６個くらいまでとし，数字は指導者が書いてあげるようにします。「ダイヤさがし」や「トランプあそび」のルールで遊んでみるとよいでしょう。

2.　いろいろな形をスタンプさせて，手紙，暑中見舞，年賀状などに利用するのもおもしろいでしょう。

3.　枠の中に単純な形のシールを貼らせてみましょう。

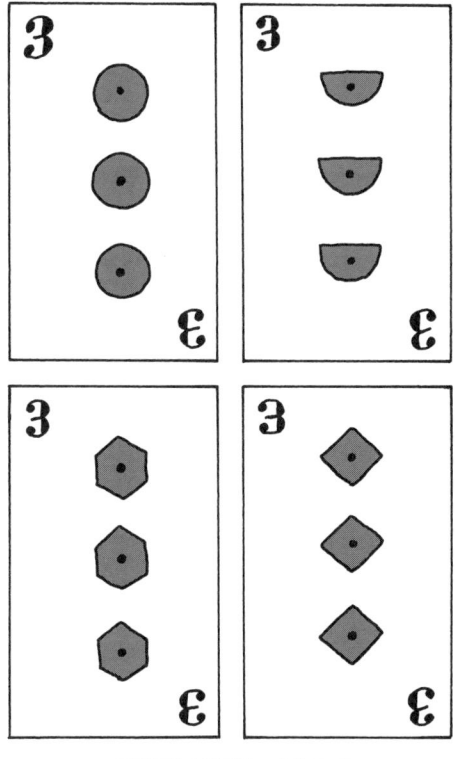

目印に点をうっておく

いろいろなものを押してみましょう

おちばあつめ

(簡単な形を見わける　1)

ねらい

　いろいろな色や形をした木の葉を集めることは，児童にとって非常に興味深い遊びの一つですが，同時に形への認識を深めるのにも，よい教材となります。また木の葉ではりえや，版画をするなどの造形活動をとおして，木の葉を色や形によって弁別する学習ができます。このような具体物の弁別学習から，少しずつ抽象図形の弁別学習にも発展させていきます。

1. やたらに拾うのではなく形の整った葉を集めることができる。
2. 3種類くらいの葉の形を弁別できる。
3. 葉の形によく似た抽象図形におきかえて弁別することができる。

準備する物

・おちばカード……カードの表面にさくら，いちょう，かえでの葉の図を描いておき，裏面は抽象化した図形を描いておきます。

指　導

1. おちばを拾ってきます。
　　拾ってきたおちばを形に従って分類させましょう。分類する際におちばとよく似た ○　▽　☆ の形の箱を用意してやると一層はっきりします。ここでたいせつなことは，大小にまどわされることなく同じ形によって分類することです。
2. 次にカードを用いて，同じものを集めさせます。指示カードと同じ時は「同じ」，ちがうときは「ちがう」と答えさせます。
3. ちがうもののときは別のところに置き，指示カードと同じものの集団を作っていきます。葉のなまえも確かめておきましょう。
4. 次にカードの裏を使って，3と同じようにやります。抽象化した図形になっているので，まちがえた時は表側の葉の絵を見せてくらべさせるとよいでしょう。

かたち　第１期

5. それらができたら，3種のカード全部を裏むきにして，ばらばらな位置におき分類させます。

生活への発展

- 自分の身のまわりにあるいろいろな形に注意してみるようにします。つみ木や，学習道具の整理などをさせます。集めたおちばでもようを作ったり，こすり出し版画，ローラー版画をやってみると児童も喜ぶし，形への認識を高めると同時に色彩やもようへの美的感覚も高まってくるでしょう。

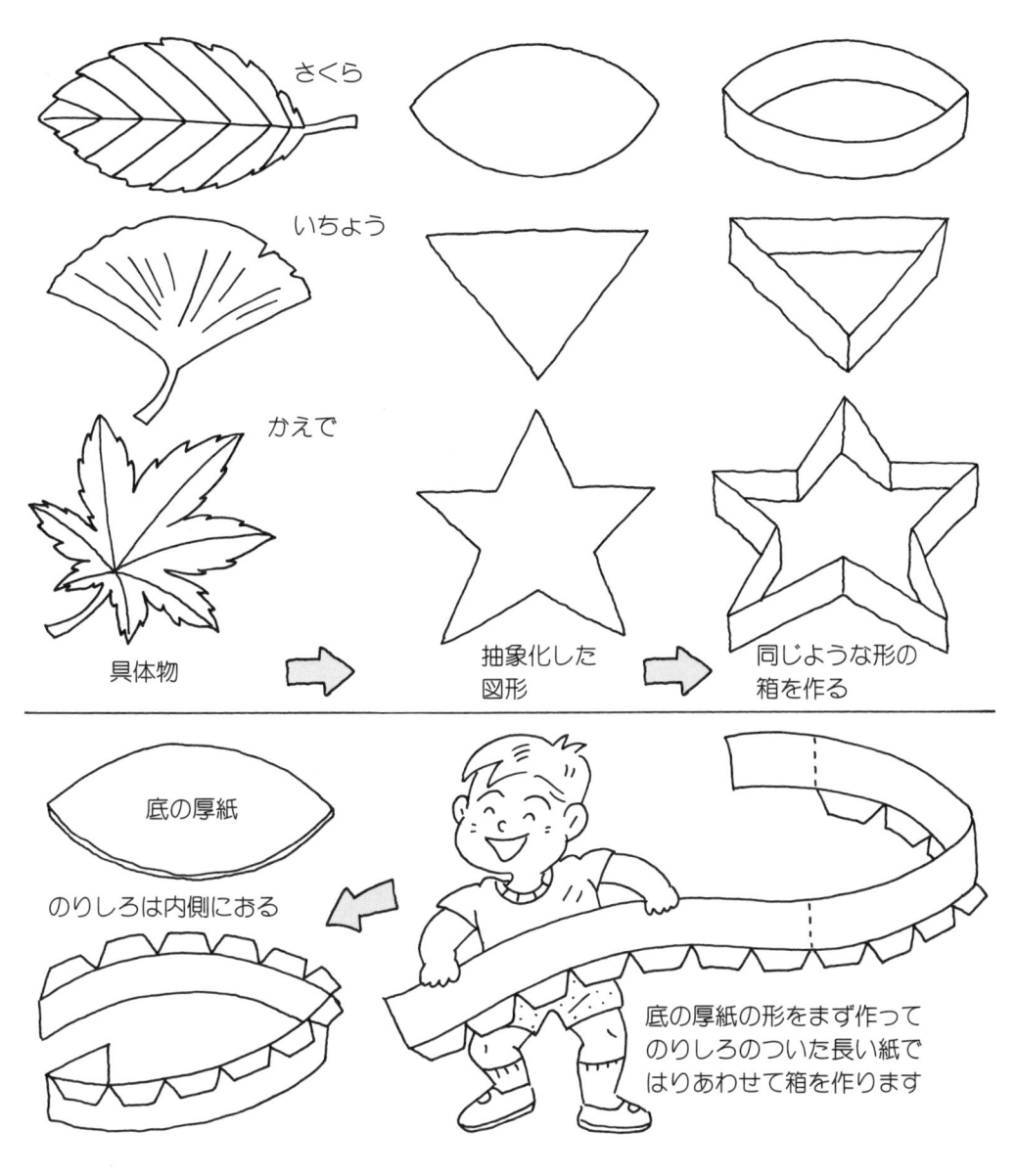

さくら
いちょう
かえで

具体物　→　抽象化した図形　→　同じような形の箱を作る

底の厚紙
のりしろは内側におる

底の厚紙の形をまず作って
のりしろのついた長い紙で
はりあわせて箱を作ります

ダイヤさがし

(簡単な形を見わける　2)

ねらい

　児童たちが，ふだん目にふれる物を形によって分類することは，簡単なことのようでとてもむずかしいものです。自然の状態の中では色や，数や，形や，性質などさまざまなものが組み合っておかれています。その中から形だけをぬき出して分類するということは，知的障害のある児童にとっては，非常に困難なわけです。

1. 簡単な抽象図形の描いてあるカード数種類を分類できる。
2. 数や，色，形の組み合わせの中から，形だけを意識して分類できるようになる。

準備する物

・「おちばあつめ」で用いたカード，トランプ。

指　導

「おちばあつめ」の発展として行なう遊びです。

1. 「おちばあつめ」で用いた片面カードの裏を利用して行ないます。ルールは百人一首の坊主めくりと同じです。
　　カードを各10枚よくまぜて重ねておきます。そしてまん中へ箱を置いておきます。
　　▽のカードがでたらアウト。
　　アウトになったら持っているカードを全部まん中の箱の中へ入れます。
　　○のカードがでたら自分のところへとってよいことにします。
　　☒のカードがでたらあたりとします。
　　あたりにあったら，箱の中にはいっているカードも全部とってよいわけです。アウトのカードとあたりのカードは，時々変えてやるようにするとよいでしょう。
2. 次にトランプを用いて，同じルールで遊びます。初めは形も色もはっきり識

かたち　第１期

別しやすいダイヤをあたりのカードとし，クラブをアウトのカードとします。他のカードはそのまま自分のものとなります。

　初めにダイヤをあたりのカードとするのでダイヤさがしとよびますが，あたりのカードは時々変えてみて，ハートさがしとか，スペードさがしとかにしてみてもおもしろいでしょう。

　一度ダイヤをあたりのカードときめて，何回もやりますと，他のカードをあたりとすることになかなかきりかえができないものですが，あたりのカードをたびたび変えることによって，きりかえをスムーズにすることも，ねらいの重要なポイントとなるのです。

あたり　　　　　　　　　　　　　　　　　　アウト

組み立てあそび(1)

(形を線で表わす)

ねらい

　　ねん土のやわらかさは，ただいじっているだけでも児童をひきつけてしまいます。そこへ，マッチの軸をあたえると，ほとんどの児童はねん土につきさして一層興味をもって遊ぶものです。ねん土の玉へ，プスッ，プスッと軸がはいっていく感じは，こころよい手ごたえがあるからでしょう。これを利用して形を作っていく興味を味わわせ，形への認識をより確かなものとします。

1. いろいろな形に興味をもつ。
2. いろいろな形を線で表わすことを知る。
3. 辺やかどの認識を深める。

準備する物

- ねん土，マッチの軸，カード。

指　導

1. ねん土のかたまりに，マッチの軸を自由につきささせて遊ばせましょう。できた形をいろいろなものに見たててやります。
2. ねん土を小さな玉にして，つなげて遊ばせます。
3. カード(1)の上で作らせます。
　　○と線を用いて，指示された形が描かれたカードの上へねん土玉を置き，マッチの軸でつなげて，三角，四角，長四角などを作らせます。その

かたち　第1期

場合カードを見てあらかじめねん土玉の数，マッチの軸の数をわからせておきましょう。

4. カード(2)の上で作ってみます。

　　線のみを用いて形が描かれたカード(2)の上で指導3と同じように作ります。角を意識するようにしむけましょう。

5. カードを見て作ってみます。この場合，指導者もいっしょに楽しそうに作って見せましょう。マッチの軸に長さのちがう竹ひごを加えると一層いろいろな形を作ることができるでしょう。

6. ねん土玉を使わずに，マッチの軸だけを並べていろいろな形を作って遊ぶのも喜ぶでしょう。マッチの軸にいろいろな色をぬり分けておくと別な興味をひき出すことができます。

カード(1)の作り方

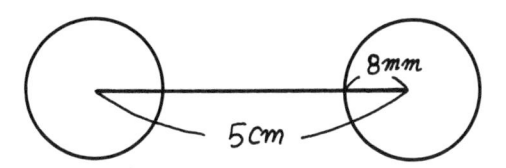

マッチの軸棒の長さと粘土の固まりの大きさの円を描きます

これを使った作例は次のとおりです

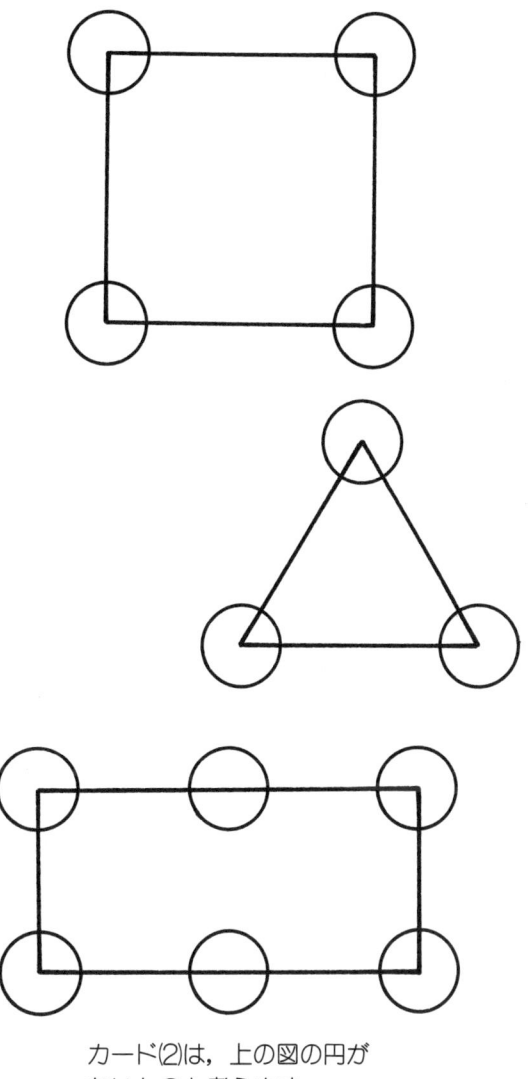

カード(2)は，上の図の円がないものと考えます

ひらがなさがし

(ひらがなに気づく)

ねらい

　　文字に関心をもたせる前に，文字というものがあることを知らせなくてはなりません。そのために，
1．文字独特の形を感じとらせる。
2．実際の生活場面の中で文字の書かれてある場所に気づく。
3．文字によってその物の内容を知ることができる。
このような学習が必要となります。

準備する物

・　お店と看板の絵，絵カード。
・　友だちや家族の名前カード。

指　導

1．お店と看板の絵を示し，いろいろなお店のあることを話してあげましょう。「良い子がすんでいる良い町」(うたの町) の歌などをうたうのもよいでしょう。絵を見て売っているものに気づかせます。次に看板に気づかせ，文字で品物を表示していることを説明します。お店ごっこのときに指導者が看板に文字を書いてあげ，看板文字の役割を理解させてもよいでしょう。
2．お店と看板の絵全体を見せ，その中から文字だけをみつけださせます。
3．絵カードを示して，ひらがなをみつけださせます。
4．身のまわりのものの中から，ひらがなをみつけださせましょう。「『用意ドン』

これは何を
するものですか

この中には
何がはいって
いますか

かたち　第1期

どんな
本でしょう

だれの
くつですか

何を売って
いるのでしょうか

で字の書いてあるものをみつけよう」といって拍車をかけ，文字を意識化させます。

生活への発展

1. 街へ出てつれ歩きながら，店の看板を読んであげましょう。「これはなんと書いてあるの？」と聞いてくるようになれば成功です。
2. 学級や家庭内にひらがなを掲示します。たとえばたんすのひきだしになまえを書いたり，日めくりカレンダーの下に予定を書いたり，机や小ひきだしにはいっている物のなまえを書いたりするとよいでしょう。
3. ひらがなで書いた名札をみせて，なまえを呼んであげましょう。

お店と看板の絵

いろいろな
お店のようすは
象徴的で
よいでしょう

ひらがなあつめ

(図形と文字を見わける)

ねらい

　身のまわりにある文字に気づくようになった児童に，ひらがなの形をよりはっきり意識化させます。そのために，ひらがなに似た図形や記号とひらがな文字とを識別させる必要があるでしょう。

準備する物

- ひらがなカードおよび図形カード……図形はひらがなに近い形で，特に誇張した線などを使わない方がよいでしょう。
- カードの上部に穴をあけ，クリップでとめられるようにしておくと，カードの紛失を防ぐ上にも，カードの上下をはっきりさせるためにもよいでしょう。

指　導

1. 「ひらがなさがし」で，身のまわりにあるひらがなにふれる機会を十分に経験した後に行ないます。
2. ひらがなカードと図形カードをまぜておき，順次に出してみせます。ひらがなのときは「そう」，図形カードのときは「ちがう」といわせます。
3. 再びまぜたカードを重ねておき，先の「ダイヤさがし」と同じやり方で順次めくりながら，ひらがながでたら「あたり」，図形カードがでたら「はずれ」とします。「はずれ」のときは，はずれカードだけを中央に捨てなければなりません。「あたり」のときは，捨てたカードを何枚でも拾うことができます。
4. ひらがなカードおよび図形カードをまぜて位置を考えずにばらまいておきます。「用意ドン」でひらがなと図形カードの分類をさせます。カードを2組作って競争させてみるのもよいでしょう。
5. 以上がうまくできる児童には，ひらがなカードだけをばらまいておき，さかさま，横向きに置かれたカードを並べなおす競争をしてみます。

生活への発展

かたち　第１期

・交通標識などに関心をよせるようにします。商標，マーク，校章などに関心をよせるようにします。新聞や広告のなかからひらがなを発見させます。

ひらがなカード　　　　　図形カード

<図形カードの作例>

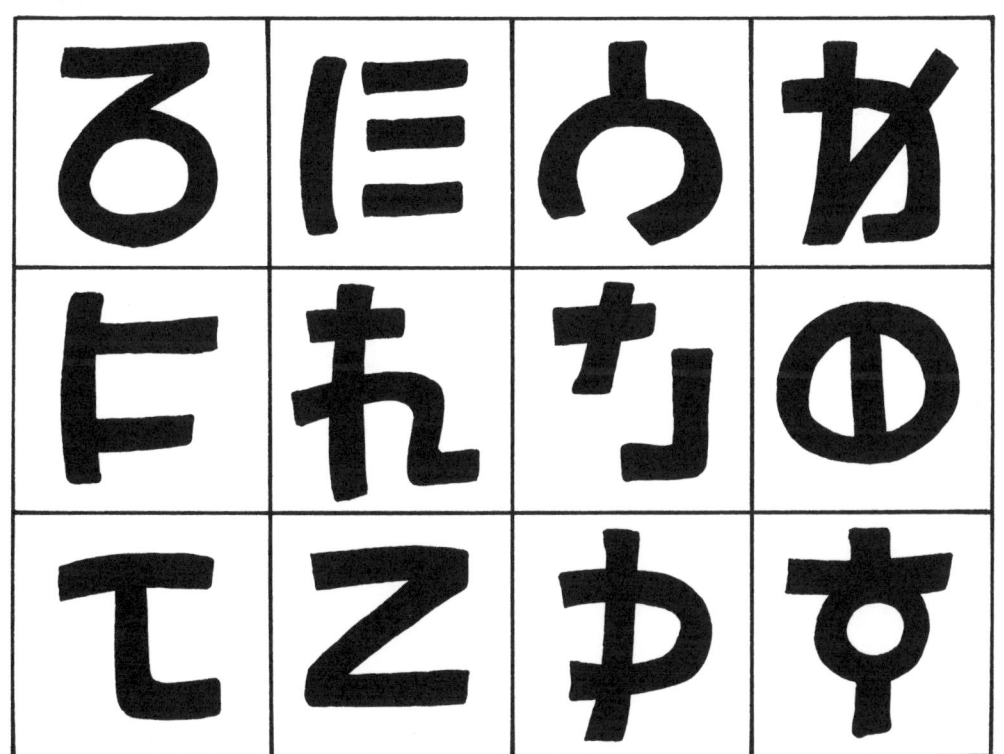

一　寸　ぼ　う　し

（大小の意味がわかる）

ねらい

　大きい小さいを比較する場合，二つの物の間で直観的に比較できるほど大小の差がはっきりしていれば，感覚訓練をするにも容易です。訓練の結果，大きい小さいが反射的にいえるようになっても，三つ以上の物を比較するとか二つの物の大小の差がわずかなときには判断をするきめ手に困るものです。そこで，次の学習が必要となるでしょう。

1. 比較する基準となるものに気づく。
2. 一番大きい，一番小さい，同じくらいなど相対的な大きさくらべができる。

準備する物

- 一寸ぼうしの絵カード1組（(1)～(4)），うちでのこづちの絵カード1枚。

指　導

1. 一寸ぼうしのお話をきかせてあげます。うちでのこづちの場面は特に興味をひくように，「どんどん，どんどん大きくなって」とか，うちでのこづちの音をだしたりしましょう。そして一寸ぼうしが次第に大きくなっていく姿をはっきりさせていきます。
2. (1)のカードを見せて，初めは一寸ぼうしとうちでのこづちではどちらが大きかったかをくらべさせます。次に(2)のカードを見せて，うちでのこづちと一寸ぼうしが「同じくらい」になったことに気づかせます。(3)のカードを見せて一寸ぼうしの方が大きくなったことに気づかせます。(4)のカードは(3)のカードのつづきで，一寸ぼうしがうちでのこづちの絵カードと同じこづちを手に持ったところであることを話します。たとえば「ほうら，一寸ぼうしはこんなに大きくなってうちでのこづちより大きな頭になったよ」などといってあげましょう。ここでうちでのこづちの大きさを基準として，一寸ぼうしが(1)から(4)までだんだんに大きくなったことを知らせようとするものです。
3. (1)から(4)までのカードをばらばらに置き，お話をしながら一番小さかった一

かたち　第1期

寸ぼうしから順に並べさせます。お話のできる児童には自分で話させながらやってもよいでしょう。

生活への発展

- からだの大きさくらべをしましょう。みかん等のくらべっこ，家族の人の手の大きさ，靴や帽子の大きさ等をくらべます。大きな足に大きな靴をはかせる，大きな頭に大きな帽子をかぶせるなどの遊びをさせます。
- おなべとおなべのふたの大きさをあわせます。
- ガリバー旅行記の絵本を見せて「大きい」「小さい」に興味をもたせます。
- 風船をふくらませて，次第に大きくなる様子を言語化してみます。

カードはこれよりもっと大きくして作るとよいでしょう

うちでのこづちは切りぬいておくとくらべるのに便利です

大きな箱・小さな箱

(大小のくらべ方 1)

ねらい

　ふだん私たちが目にふれるものには，立体的な物が多いようです。しかし平面的な物にくらべると立体の大小を直観的に比較するのは，非常にむずかしいものです。児童にとって絵に表わされたものを比較する経験はよくあることですが，この場合は立体を面とみなして面の大きさで比較してしまいがちです。そこで立体を用いて大小の比較を経験させることによって大小の概念をひろげていこうとするものです。

準備する物

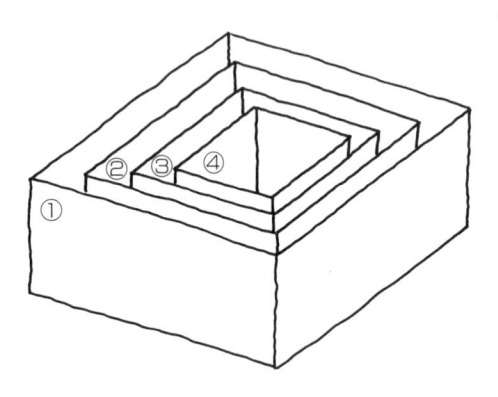

- 大小のボール箱4種類
　①の箱の中に②の箱がすっぽりはいり，②の箱の中に③の箱がすっぽりはいり，③の箱の中へ④の箱がすっぽりはいるようなものがよいでしょう。ますを使用してもよいと思います。箱の一辺の差は1～2センチメートルぐらいがよいでしょう。

指　導

1. ①の箱の中に何がはいっているか興味をもたせてあけさせます。②の箱をとりださせ「あ，小さな箱がでてきた」といって**小さい**ということばを強調します。同じように②の箱をあけさせ③の箱をとりださせます。「あ，**もっと小さな箱がでてきた**」といって比較させます。③の箱から④の箱をとりださせます。④の箱の中には何もはいっていないことに気づかせ「**一番小さな箱はこれ**」といって最上級の比較をしておきます。児童は箱をあけるたびに，まだでてくるか，まだでてくるかといった興味を示すものです。
2. 箱を大きさの順に並べさせて遊ばせます。順序を変えて箱を並べ，再び元の

かたち　第１期

ように全部を一つの箱の中へしまわせましょう。あてずっぽうでなく見通しをたてて，なるべく早くしまえるように指導します。このとき，たえず「一番大きな箱」「次に大きな箱は？」といって残りの箱の大きさをくらべさせながらしまわせましょう。

3. 再び箱を全部だして，この箱を高くつむ工夫をさせます。
4. 箱を大きい順に横に並べて階段を作って遊びます。
5. 遊ぶたびにだしたりしまったりさせて，そのことが直接大小の比較を行なう経験となるようにします。

生活への発展

- パンやおかしなどを切るのに同じ大きさに切る方法を知らせます。
- つみ木を高くつむ方法を知って遊べるようにします。
- おそなえ，雪だるまを作って遊びます。

いろいろ並べて
遊びます

重ねっこ

(大小のくらべ方 2)

ねらい

　面で表わされた物の大きさを比較する手段としては初歩的な方法として，二つの物の面と面を重ねてくらべさせます。しかし，知的障害のある児童は，直観的な比較にたよってしまい，ほぼ同じ大きさのものは直観的に「同じ」ときめてしまったり，少しの違いなどには注意を向けないことが多いようです。さらに正確に比較するために，重ねたり，測定したりするというような方法をさぐりだす態度が乏しいようです。

1. 重ねて比較する方法に気づかせる。
2. 重ねあうことによって同じ大きさのものに気づかせる。

準備する物

- 「大きな箱・小さな箱」で利用した箱……箱の大きさは大小の差をあまりつけないで，直観的に判定させるのに多少の抵抗を作っておいた方がよいでしょう。
- その箱にちょうどはいるようなカード各10枚……カードはボール紙のようなかたい紙を用いて作ります。

指　導

1. 　4種類の大きさのカードを全部ばらまいておきます。一番小さな箱をだして「この箱にちょうどはいるカードだけを拾いだして早くいれる」約束をします。指導者は，あらかじめ4種類のカードをとりだして，どのカードがちょうどはいるかをやってみせます。この場合，箱に対してカードの位置が悪いとはいらないことも示し，箱とカードをくらべるようにすることを指導しておきましょう。一番小さなカード群がはいることも理解させておきます。
2. 「用意ドン」で一番小さなカードをすっかり箱へおさめさせます。次に2番目に小さな箱をだして同じことをやります。この遊びは直観的に小さなカードを識別して，選びだし，箱と同じ大きさであるかどうかを見わける訓練ですから，何回もくり返し体験することがたいせつでしょう。

かたち　第１期

3. 次に２～３人ずつにわかれ，４種類のカードを同じ枚数だけ持たせます。合図で，それぞれが任意の大きさのカードを１枚だします。だされたカードの中で一番大きなカードの持ち主が全部をとるようにします。だれが一番大きなカードをだしたかは重ねてくらべることにします。「同じ」大きさのときは「ひきわけ」としてやり直すようにします。
4. 遊んだあとは箱の大きさに合わせてカードをしまうようにさせましょう。

生活への発展

- 硬貨の大きさで500円，100円，50円，10円，1円などを分類してみます。
- はがきのたて，よこをそろえて整理します。
- 本を大きさに従って整理します。
- おせんべいや，ビスケットも，同じ大きさがあることに気づかせます。

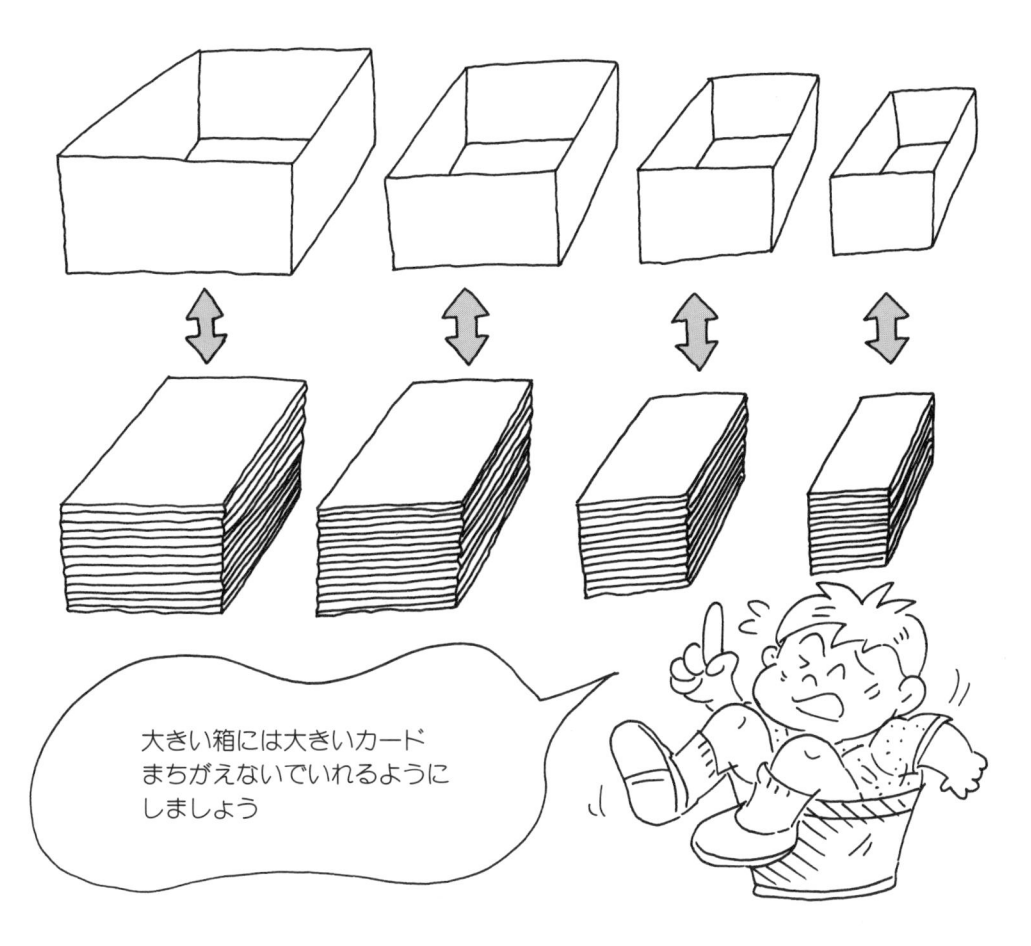

大きい箱には大きいカード
まちがえないでいれるように
しましょう

クレーンあそび

（指先の力の加減ができる）

ねらい

　書くことの指導の前に，筆記具を持たせたり，なぐりがきの経験をさせる必要があります。しかし，児童によっては指先の力が弱かったり力を入れすぎたりするなど，指先を思うようにはたらかせることができない子がいます。

1. 指先に力を入れて，握ったり，つまんだりすることができる。
2. 指先をじょうずにはたらかせて，細いものを握ったり，小さなものをつまんだりすることができる。
3. 力の加減をして，こわれやすいものでもうまく握ったり，つまんだりすることができる。

準備する物

・ 箱つみ木，本，ボール，バケツ，砂，新聞紙を利用して作ったバトン，豆，豆を入れるための箱，おぼん。

指　導

1. 指先に力を入れられるようにする遊びです。児童をクレーン車にみたてます。そして教室にある箱つみ木の上に，適当な重さだけ本をのせて持ち運びさせます。場所をきめて交替をさせます。次に，おぼんの上にボールをのせ，落とさないように運ばせます。緊張することによって指先に力がはいります。箱つみ木のかわりにおぼんでもよいでしょう。
2. クレーン車のつかむ動きを模倣させます。2組にわかれて一定の所に置いた各組のバケツにいっぱいになるまで砂を運ばせます。児童の手をクレーンにみたてて，両手または片手で砂をとって運びます。砂をなるべくたくさんこぼさないように運ぶには，指先に力をいれるばかりではなく，巧緻性が必要となります。
3. おぼんの上に豆をひろげておき，指先で豆をつまんで箱の中へ入れさせます。指先をクレーンにみたて，1粒ずつつまむようにします。2組にわかれて，早

かたち　第1期

く全部の豆を箱の中へ入れた方が勝ちとしてもよいでしょう。

生活への発展

- バケツに水を汲ませて運ばせることによって，握る力を養います。
- 机運びをさせて指先の力を養います。
- ビニールストローを切って針金を通し，首飾りを作らせると，指先の巧緻性を養うのによいでしょう。
- 指先の巧緻性が増してくると，ボタンかけや排泄のしまつ，はしの持ち方などもじょうずにできるようになります。
- 力のコントロールができないと，豆腐などはつかめません。
- バトン回しなどをして，握る力や手首の回転をさせることもたいせつでしょう。
- 「そっと持つ」「そっと」のことばかけと，力の加減の要領を体でつかませましょう。

ひげかき・しっぽかき

(直線をひく 1)

ねらい

　知的障害のある児童は，一般的にからだの動かし方も不器用で，たとえば，上腕の動きがぎこちなかったり，力の入れ具合やコントロールがうまくいかなかったりすることがあります。そこで絵や文字を書く前の段階として線をかく訓練が必要となります。なぐりがきの経験をすませた児童に対しては，直線がうまくひけるように訓練をするとよいでしょう。一口に直線をひくといっても，

1. どこへひいたらよいか，ひくべき場所がわかる。
2. 腕を上腕から上下，左右に自由に動かせるようになる。
3. 筆記具の持ち方，適当な力の入れ具合を体得する。

ような学習が必要でしょう。

準備する物

- 行進曲風の音楽テープ，テープデッキ(CD)，下絵①＜しっぽのない馬＞，②＜人の顔＞，チョーク，またはクレヨンなど。

指　導

1. 行進曲風の音楽テープをかけて，指揮者のまねをさせます。片手，または両手を使って拍子にあわせて腕をふらせます。指導者が先に立ってやると児童はとても喜んでやるようです。なかなか拍子にあわせられない児童に対しては，拍子にあわせて軽く背中をたたいてやるとか，後頭部を押してやるとよいでしょう。
2. 次に，しっぽのない馬の絵を板書かプリントにしておいて，児童にしっぽがないことに気づかせます。しっぽを描き入れる場所をはっきりさせておいて，音楽テープをかけ，拍子にあわせて描き入れさせます。あまり力を入れすぎると拍子にあわなくなるので，適当な力のコントロールが必要となります。リズム運動の楽しさにつられて線がきすることをねらった遊びで，下絵をいろいろにかえてやると児童はいつまでも喜んでやるものです。上下を強く指示しなく

かたち 第1期

とも，しっぽを描き入れるときは大体上から下への線を描くようです。
3. 同じように人の顔を板書かプリントにしておいて，児童にひげを描き入れさせます。ひげは左右とも一度に描き入れようとするためには，両手にチョーク，またはクレヨンをもたせなければなりません。音楽テープの拍子にあわせて自由にひげを描かせます。ひげの時は腕を左右に動かす運動が多いようです。

生活への発展

- すみの方から上下左右に順に腕を動かすようにして，ガラス窓をふかせます。
- ほうきで目的の場所に向かってごみを集めさせます。
- テーブルの上をぞうきんでふかせるなど，上腕から上下左右に動かしながら，しかも目的にそった活動ができるようにします。

線路はつづくよ

(直線をひく 2)

ねらい

「ひげかき・しっぽかき」で筆記具の持ち方，腕の運動がスムーズになった児童に，さらに正確な直線をひけるように指導したいものです。

1. 位置や向きを考えて直線をひくことができる。
2. まっすぐな線をひくことができる。
3. 長さを考えてひくことができる。

準備する物

- 模造紙を横長に切ったものとか更紙をはり合わせたような，なるべく長い紙。マッチ箱，筆記具。

指　導

1. 「これから電車ごっこをしよう」といって，乗り物に関係のある歌をうたいます。(「走れちょうとっきゅう」「線路はつづくよ」など) ○印のところは駅であることを知らせます。
2. 駅から駅の間へ線路をひかせます。このときに「どの駅からどの駅へ向かって」ということをはっきりさせ，左から右へ向かって線をひかせるようにします。一駅ずつひかせるようにしましょう。
3. 次に枕木を描かせます。枕木を描くときはあまり長くならないよう適当な長さを指導しておく必要があります。先のひげかきと同じように音楽テープをかけ，拍子にあわせてやってもよいでしょう。しかし，枕木の場合は線の長さに限定があるところがひげかきとは異なる点です。長さの限定がむずかしいために右図のようになる児童に対しては，次ページの図のように線路間だけにきめてひかせてもよいでしょう。

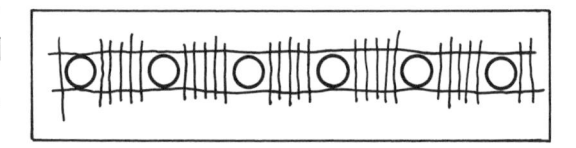

かたち　第１期

4. すっかりできたら小つみ木を汽車にみたてて線路の上を走らせます。
児童の動作に対して指導者が適当に言語化してあげながら興味深いものにしてやるようにします。

生活への発展

- 無罫のノートに縦横の罫を入れさせます。
- 月別カレンダーを，日の経過に従って１日ずつ消させます。ますの対角を結ぶような斜線を入れさせます。

白い紙に
線をひいてみます

カレンダーに黒まるの印をつけて
斜めの線をひきます

さわってあてよう

(ことばで考える　1)

ねらい

　この期の児童に対して適切なことばの使い方を指導することは，非常にむずかしいことです。それは使われることばの量の少なさと，ことばが十分に概念化していないからです。そこで一つの事物に対していろいろなことばを投げかけることによって，次のような指導が望まれます。

1. 事物とことばの結びつきがスムーズになる。
2. 与えられたヒントからいろいろな事象を連想できるようになる。

準備する物

・　りんごなどのまるいくだものや，ボール，マッチ箱やつみきのような方体，ふろしき。

指　導

1. たとえばりんごにふろしきをかぶせます。上からさわらせてみて「さあ，なんだろう」とあてさせます。答えがすぐにでなかったり誤答をした場合には「まるいものです。色は赤い。たべられる。すっぱい味がする」などのヒントをだしてやりましょう。ヒントはその物の形状，用途，色，味などいろいろな面からだし，児童に連想させます。同じ形状をしたボール，なし，かきなどについてもやってみます。

2. 次にマッチ箱，キャラメルの箱などの方体について同じことを行ないます。中身の状態についてもヒントをだしてやってもよいでしょう。児童は対象物がふろしきでかくされていることによって，「どんなものか」といった興味や疑問がわき，ヒントに耳を傾け，連想や推理を働かせるものです。

3. えんぴつなどの細長いものや，本などの平らな板状のものについても同じように行ないます。その場合，形状はさわればわかるのですが，言語化してもう一度「細長いものです」とか「平らなものです」とかいってやるようにします。そのことを通して，細長いとか平らということばの投げかけを受けることにな

ことば 第1期

　　ります。
4. これらの遊びを何回かくり返したのち，児童自身を出題者にさせてみます。指導者はわざとまちがえたりして，ヒントを誘発するようにします。ヒントがうまくでないときは「どんな形ですか」とか「何につかいますか」ときいてやるようにします。

生活への発展

・ 福笑い，目かくし鬼などをする際にさわってあてることをします。
・ ポケットの上からさわって定期券などの所在をたしかめたり，暗いところで手さぐりで行動できるようにします。

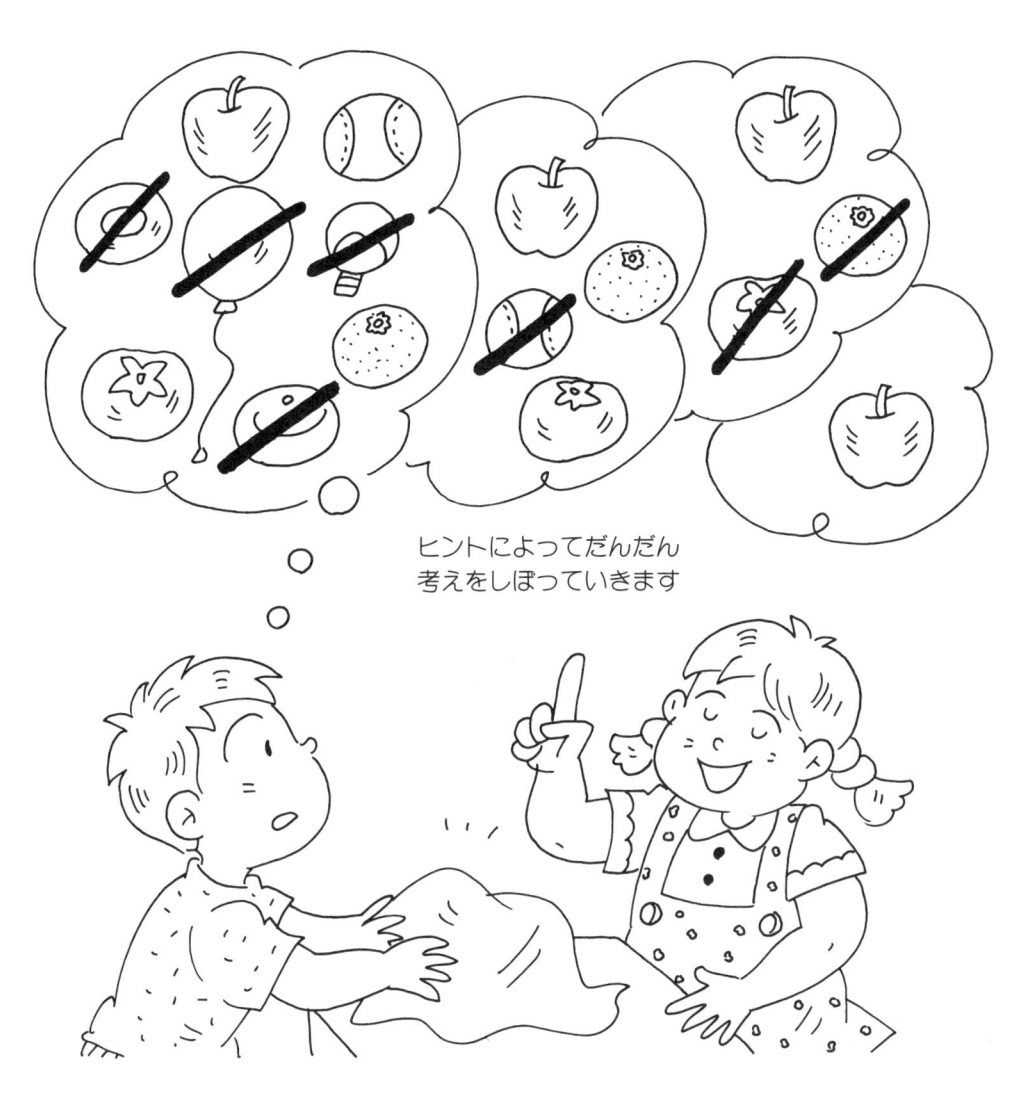

ヒントによってだんだん考えをしぼっていきます

よくみてあてよう

(ことばで考える　2)

ねらい

「さわってあてよう」の遊びを通して，ことばを用いての連想がスムーズに行なわれるようになったら，こんどは，事物に対して注意を集中させ，よく観察させることによって，さらにことばを分化させていきます。

1. 部分を見て全体を連想し，話せるようになる。

準備する物

- ふろしき，タオル，上着，ざぶとんなどの布製品。
- 新聞，雑誌，ちり紙，はがき，ノート等の紙製品。
- はさみ，なべ，フライパン，おぼん等の金属製品。
- お皿，灰ざら，どんぶり，びん，ちゃわんなどの陶器類。
- 大ぶろしき，あるいはしきふのようなもの。

指　導

1. これは「さわってあてよう」と同じような遊びですが，大ぶろしきのようなものでかくした物の，ほんの一部を児童に見せて，材質だけわからせておくところがちがうのです。材質が先にわかってしまうと，連想する範囲もぐっとせまくなり，児童にとってはかえって「あてるぞ」といった意識を高めるものです。たとえば背広を大ぶろしきで包み，その一部をのぞかせて，「これはきれでできています。ズボンと仲よしです。ボタンがついています。腕をとおします。男の人が着ます。おとなが着ます。一番上に，〝せ〟がつきます」といって，児童が心の中で連想しているさまざまなことからだんだん範囲をせばめていけるようにします。以下，同じように他の製品についても行ないます。
2. 似ているようなものを打ち消していくことによって，連想の範囲をせばめていくこともできます。たとえば，フライパンの一部を見せて「これはおなべではありません，おぼんでもありません」というように。
3. 出題を児童にさせて行なう点は「さわってあてよう」と同じです。

ことば　第1期

生活への発展

- この段階の児童たちは，物をさがすのが不得手のようです。たとえば，おもちゃ箱から自分のほしいおもちゃをさがしだすときも，全部のおもちゃをひろげてさがしだすといった具合です。一部分が見えても，それから全体を連想して，それをひきだすことがむずかしく，全体を見ないうちは納得しにくいようです。そこで，ふだんの家庭生活の中でも，プレゼントやたべものなどの一部だけを見せてあてさせます。またお正月や休日の夜などの一家団らんの折に，身体の一部を出してその人をあてさせるといったゲームなどをするのもおもしろいでしょう。

厚紙の穴から一部を見せる

布をかぶって一部を見せる

ふろしきで包んで一部を見せる

手をたたきましょう

(ことばに対して反応する)

ねらい

よく「この子はいうことをきかなくてこまる」ということを聞きますが、知的障害のある児童の場合ですと、「いうことをきかない」というよりも、いわれたことの意味がよくわからないために行動に移せないことが多いようです。たとえば「静かにしなさい」といってもなかなか静かにできない児童でも口に手をやって動作で示しながら「口をむすびなさい」とか、「手をひざに置きなさい」とか、「ちょっとすわってごらん」とか具体的な行動で示してやると案外静かにできるものです。おとなは、このようないろいろな行動で表わされることを、「静かに」といった抽象的なことばで指示しておいて、その結果「いうことをきかない」ときめつけてしまうことがあります。

そこで抽象的な指示を理解する前の段階として、

1. 具体的な行動をさせ、それを言語化させて、行動と言語との結びつきをはかる。
2. 言語による指示に対して何をすればよいかがわかり、はやく行動に移すことができる。

というような経験を豊富に与えてやらなければなりません。

準備する物

- 「手をたたきましょう」の楽譜。(曲)

指　導

1. 「手をたたきましょう」のリズムあそびをして曲や遊び方になれておきます。次に「手をたたきましょう」「足ぶみしましょう」の部分を「○○しましょう」と替え歌にして動作化させます。たとえば、「じてんしゃのりましょ、リンリンリン、リンリン」「お水のみましょ、ゴックン、ゴックン、ゴックンコ」というようにいろいろな替え歌をつけ、動作をさせるようにしましょう。そのことを通じて、「じてんしゃにのる」「お水をのむ」といったいい方がわかるようにし

ます。その他「ほうきではく」「お水をまく」「つみ木をしましょう」といった, いろいろないい方と行動との結びつけができると思います。なお「笑いましょ, アッハハ」の部分も変えてやってもよいでしょう。たとえば,「泳ぎましょ, スイスイ」とか,「はねましょ, ピョンピョン」とか擬態語の学習にもなります。

2. いろいろな指示と行動との結びつきが可能になってきたら, お使いあそびをします。室内にある物を何でもいいですから, たとえば「赤いものを一つ持ってきてください」とか「読むものを持ってきてください」とか指示します。指導者は, 指示をよく聞いて行動に移せるところをねらいましょう。品物を次第に2品, 3品と増やしていくこともよいでしょう。

生活への発展

日常生活の中で「おとうさんに新聞をあげてね。めがねもいっしょにね」というような指示を機会をみつけては与えるようにします。指示のしかたは具体的な行動を促すようなものでなければなりません。

抽象的なことばの示す内容は, ときによってちがいますが, 例をあげますと, 以下のようなものがあります。

抽象的	具体的
元気にうたいましょう	大きな声でうたいましょう はっきり口をあけてうたいましょう
しんせつにしましょう	遊んであげましょう かしてあげましょう おしえてあげましょう てつだってあげましょう
ていねいにやりましょう	このところをまっすぐに かどのところを気をつけて はしから順に「この次はここ」と示す

何をしていますか

(主語・述語を使って話す)

ねらい

　障害のない子どもですと5歳くらいで主語と述語を正しく使って話をすることができるようになりますが，知的障害のある児童の場合ですと，小学校へ入学するようになっても「○○さんがころんだよ」というべきところを「ころんだ」といったような一語文形式でしか話ができない児童がいます。またことばの概念を広げていく上にも「これはみかんです」といった把握のしかたよりも「みかんをたべます」「みかんはすっぱい」といった用言をつけたいい方の方が効果的なやり方です。

1. ことばのもつ意味の広がりをはかる。
2. 助詞に応じた用言の使いわけができるようになる。

準備する物

- 身のまわりにある具体物，状態を示すような絵カード。

指　導

1. 指導者は指導しようと思う物（たとえば本）を見せて，「これは何ですか？」と聞きます。そして「これからこの本でいろいろなことをしますから，何をしたかあててください」といって指導者自身が動作をします。「本を」とまでいって，本棚からだす動作だけ見せて「持ってくる」と児童にいわせます。以下同じように「本を」とだけいって，「開く」「読む」「しまう」「わたす」「落とす」などの動作をして，用言を児童にいわせ，正しいいい方に気づかせます。このようなことをたとえば「水」については，「のむ」「くむ」「まく」というように，「りんご」については，「むく」「たべる」など指導者が動作をして用言をいわせます。児童はゼスチュアゲームをあてるような興味から「読んだの」とか「たべたの」というようないい方をしますがそれでもよいでしょう。

2. 次に，指導者は動作を入れずに状態を示す絵カードを見せて児童にいわせます。この場合には助詞を強調するようにします。たとえば「りんごを」と指導

者がいって，むきかけのりんごを描いた絵カードを見せ，「むく」といわせます。同じように「たべる」「かう」などを児童にいわせることを期待します。さらに「りんごは」といって「まるい」「赤い」「くだもの」といわせたり「りんごの」といって「皮」「箱」「うた」「ジュース」など助詞に応じて発展させていきます。児童の能力に応じて発展させていきますが，なるべく具体物を見せながらやっていきましょう。

3. 指導しようとするものは，ふろしきでかぶせておいて，外からは何だかわからないようにして児童に「何だろう」と興味をひかせます。そして「これを」とだけいって児童にあてずっぽうにいわせます。たとえば野球のボールをつつんでみせて「これを」といいます。りんごかと思った児童は「たべる」とか「むく」とかいったとします。ふろしきを開いてボールを見せ「ボールはたべたりむいたりできない」といって大笑いとなります。そこで「ボールを」→「投げる」「ひろう」「うつ」「ころがす」などのいい方を再び指導します。

生活への発展

　教室などで物をかりるときは「はさみ」とか「のり」とかいってくる児童がいますが，「はさみを貸してください」という習慣をつけましょう。ただし，能力的に低い児童には「何を？」「どうした？」「どこで？」と一つ一つ聞きかえしてあげて，そのつど指導してください。「いつ？」ということに対する応答は時間の観念がつかみにくいので，この段階では非常にむずかしいようです。また言語に障害のある児童に対しては，無理にいわせることをせず，了解してあげる態度でのぞむようにしたいものです。

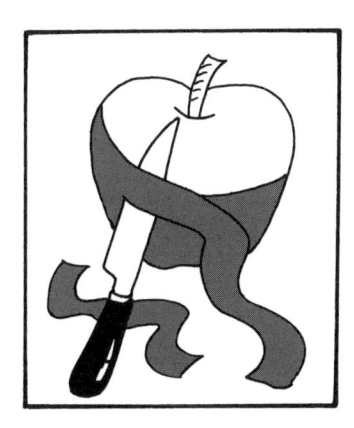

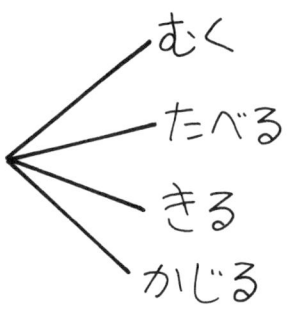

ことばあつめ (1)

(ことばに関心をもつ　1)

ねらい

　　知的障害のある児童にとって，事物の中からある性質だけをぬきだして考えたり，ぬきだされたものの集合をみつけだしたりすることは，非常に困難なことです。先に「静かに」ということばの抽象性をのべましたが「何をしていますか」でことばのもつさまざまな内容を，学習した児童に対して，

1. いろいろな性質や状態を表わすことばを理解する。
2. 少しずつ抽象的ないいかたにもなれてくる。

　　というような指導をしてみましょう。

準備する物

- 「まるいものなんでしょう」の曲。

指　導

1. へやの中を，よく見まわらせて，「みんなでまるいものをさがそう」といって「用意ドン」でまるいものにさわって帰ってきます。「こんどは，なるべくたくさんさわってこよう」といって同じようにやり，まるいものの集合を知らせます。集合にするものは何でもよいわけですが，形のようなものから始めた方が容易でしょう。
2. 「さあこんどは，まるいものまるいものなんでしょ，なんでしょ」と指導者がうたって，「ポンと手をたたいたら，まるいものをなるべくたくさんいうのですよ。手をたたくまでよく考えてね」というような指示をします。児童は曲の楽しさと，手ばたきのタイミングに興味をもって学習に参加するでしょう。例としては，「赤いもの」「長いもの」「たべるもの」「はしるもの」「まわるもの」「のむもの」「光るもの」などがありますが，この他にも考えてください。児童が一つ一つのなまえをあげたのちに，指導者は「そう，ポストは赤いね。りんごも赤いね」と主語と述語の形式でおさえておきましょう。

ことば　第１期

生活への発展

- なぞなぞあそびのやり方を指導して，子ども会などでやらせたらどうでしょう。たとえば「長いものです」「たべるものです」「あまいです」「きいろいものです」「**ば**がつきます」「なんでしょう」「そう，バナナです」といったふうにして，ことばを遊びの中で生かしていくことも考えましょう。

まるいもの　まるいもの　なんでしょ　なんでーしょ

具体物を並べて，その中であてっこをすることもよいでしょう
身のまわりにあるものを集めましょう

音あてごっこ

(いろいろな音を聞きわける)

ねらい

　ことばを正しく発音することも，ことばの数をふやすことも，その基礎は音を聞きわける力を養うことです。児童たちは日常いろいろな音を何となく聞かされてはおりますが，まだ何々の音とか，どんな音色とか，高い音，低い音，強い音，弱い音とか分化して意識されてはおりません。

1. 音を聞きわけることに興味をもち，注意深く聞きわけるようになる。
2. いろいろな音から事象を想像して，音を事象によって分類できる。
3. さらに，音色，音の高低，強弱などを聞きわける基礎を養う。

準備する物

- タンバリン，トライアングル，ハーモニカなどの簡易楽器を3～4種類。(代用として，音のでるものなら，かん，箱でもよい)
- 絵カード……楽器を描いたもの，動物を描いたもの。

指　導

1. 目をつぶって耳をすまし，周囲から聞こえてくる音を聞いて発表しあいます。
2. 全員の注意が集中するような大きな音で楽器をならします。何の音かをあてさせます。音あてごっこをすることを告げます。
3. 指導者は用意した楽器を一つ一つ児童に見せながらならします。(はじめは2～3種類) 楽器のなまえを告げます。ここで楽器の形と音となまえの結びつけをしておきましょう。
4. できれば児童にも同じ楽器を持たせてならさせます。
5. 楽器の形を描いた絵カードを並べておき，指導者は楽器を見せながらならします。どの楽器をならしたか，絵カードで選ばせます。このときも指導者は，「そう，これは○○の音ですね」といって楽器名をはっきり告げておきます。
6. 次に指導者は，児童に見えないところで楽器をならして児童にあてさせます。楽器名で応答できない児童も絵カードでとるようにして参加させます。あてた

あとは必ず楽器を見せてもう一度ならして確認しあいましょう。
7. 次に鳴き声あてをします。いろいろな動物の絵カードを見せて鳴き声と動物名と動物の形との結びつけを十分に行なっておきます。この場合「ブレーメンの音楽隊」とか「桃太郎」など動物の鳴き声がくり返しでてくるような物語を絵カードやペープサートを用いてやってみせながら動物の鳴き声を聞かせておきます。
8. やり方は楽器あてと同じですが，大きな声，小さな声など，いろいろなトーンでやってあてさせます。

生活への発展

- 日常生活において，音を聞きわけて行動をおこすことができるようになれば，音の聞きわけが生活化されたといえるでしょう。
    例　水道のだしっぱなしの音を聞きわけて止める。
    　　シグナルの警報機の音を聞いて止まる。
    　　玄関のブザー音を聞いて来客を取りついだり，電話のベルを聞いて家の人に知らせる。
    　　赤ちゃんの泣き声を聞きわけておかあさんに知らせる。

いろいろな音を聞きわける必要があります

音まねあそび

(正しい発音ができる)

ねらい

　新しいことばを記憶して獲得するには，一つ一つの音の聞きわけがうまくできないと，なかなか困難なものです。知的障害児の場合，音の聞きわけが不正確なために，音の脱落や，構音障害などの言語障害があらわれてくる場合もあるようです。ことばを正しく発音したり，ひらがなを文字として読む前の段階として，ことばが一つ一つの音の組み立てによってできていることがわかるようにしたいものです。

1. 一つ一つの音を正しく構音して発音できる。
2. 二つ以上の音を記憶する。
3. 二つ以上の音を組み立てて発音する。

準備する物

- 絵カード。

指　導

1. 一つの音でできている鳴き声や擬音をあてさせます。たとえば，「メーメー」と鳴いて聞かせて，ヤギのカードを選ばせます。
2. 次に絵カードを見せて，鳴き声や擬音をださせます。この場合，パ，バ，ナ，マ行から始め，次第にむずかしい音（サ，ラ，タ，ハ行）へ進みましょう。やり方としては，動作をさせながらやると動作化のおもしろさで，十分に発音できない児童もよろこんでやるものです。たとえば，「さあ自動車をうんてんしましょう」といってハンドルをにぎる動作をし，「ブーブーブー」といわせたり，「ブザーをおしますよ」といって「ビービービー」といわせるとよいでしょう。その他，ピストル＜パンパン＞，汽車＜ポッポー＞，船＜ボー＞，ヤギ＜メーメー＞，ウシ＜モーモー＞など単音から始めます。動作化することは言語を誘発する上からも，非常に有効な手段となります。
3. 次に二つの音を意識させましょう。たとえば，自動車あそびで「ブーブー」

といっていたものを「止まりますよ。キーッ」と入れます。児童は何気なく「ブーブーキーッ」とやりますが，ブーと，キーとは違う音として使いわけているわけです。その他「ボッボーシュー」とか工夫してやってみましょう。

4. 指導者の音まねをさせてみます。これまでは，一つ一つの音に意味があったのですが，これからは意味のない音の組み合わせを復唱させてみます。たとえば「パノム」とか「マメブ」とか，三音くらいがよいでしょう。一音一音をゆっくりはっきりいうようにしましょう。これを復唱することは，一音一音確かに聞きわけて記憶していかなければならないので，とてもむずかしいことですが，そのむずかしさが興味につながるように，楽しい工夫をしていきましょう。

関所あそびをしてもよいと思います。これはいくつかの関所を設け，その関所の前で指導者は意味のない音の組み合わせ（この場合暗号にします）をいい，正確に復唱できたら，関所が通れます。いくつの関所を通ることができるかといった遊びです。ただし，せいぜい四音くらいまで行なえば，それ以上の記憶はこのねらいの範囲ではほとんど必要ないと思われます。また，言語障害のある児童には，程度に応じて要求水準を少し下げてやるなどの配慮をして，みんなで楽しく遊べるようにしていくことがたいせつです。

擬音の組み合わせを考えましょう

しりとりあそび

(ことばに関心をもつ　2)

ねらい

　　ことばが一音一音の組み立てによってできていることがわかってきた児童にしりとりあそびをさせて，ことばに対する興味をもたせるようにします。これによって新しいことばの獲得に対しても意欲的になるようにしむけます。またしりとりあそびは，友だち関係をつくる上にもよい遊びなのですが，なかなかむずかしい遊びです。

1. ことばを一音一音に区切ることができる。
2. 区切った音を順序立ててことばにすることができる。
3. 初めの音，おしまいの音を意識できる。
4. しりとりのルールを知って遊ぶことができる。

指　導

1. 児童が日常目にふれる物の中から，二音で構成されていることばを用意します。そして「何といったかあてっこをしよう」といって，たとえば「い・す。さあなあんだ」と問いかけます。「い」と「す」の間はなるべく間をおいて一音一音を区切った形でいいます。児童がよくわからないときは，「いす」といって具体物である「いす」を示します。同じように「は・な。さあなあんだ」というように，一つのことばを音にわけてまた構成させるようにします。
2. 次に三音で構成されたことば，たとえば「た・ま・ご」で「たまご」というふうにあてさせて遊びます。
3. 絵カードや実物を見せて「いの次に何といえばいすかな」ときいて「い……」といってやり，児童に「す」と答えさせます。この場合，指導者がいう「い」の音をだすときには，指導者は，自身の胸に手をあてていい，児童にいわせる「す」の音のときには児童にむけて指をさします。そうすることによって児童のだすべき部分音をはっきりさせるようにします。三音の語の場合は「たまの次に何といえばたまごかな」ときいて，「たま……」といいながら指導者は自分の胸を二つたたき，語尾だけ児童に答えさせるために児童を指さします。

ことば　第１期

4. 三音の語の場合は，さらに「たの次に何といえばたまごかな」ときいて「た……」といってやり「ま・ご」と，中の音と語尾の音をいわせる練習もします。四音のことばは，むずかしくなるのでこの場合必要ないでしょう。ここまでは，いろいろなことばについて遊びながら十分に練習しておきます。

5. 次に，ことばあつめの練習になりますが，「あのつくもの」「たのつくもの」と初めの音を再び意識化させる遊びをします。（「ことばあつめ(2)」と関連）

6. いよいよ「しりとりあそびをしよう」ということになります。この段階ではたとえば「かめ」とでたら，指導者が「『か・め』めがつくから，めのつくもの」と指示してやり，児童たちにたとえば「めがね」といわせます。再び指導者は「『め・が・ね』ねがつくから，ね……」といって答えを促します。ことばがでない場合には，いくつかの絵カードを見せて「この中にねのつくものがあるよ」とヒントを与えましょう。少しずつ指示を少なくしていくようにします。ルールがわかったら，２組で対抗してやらせるのもおもしろいでしょう。しりとりは，非常にむずかしい遊びなので，完全に遊べるようになるには，２期のことばの学習を経験してから後になるでしょう。

生活への発展

・　折にふれて家族でしりとりあそびをしてください。

お店のかんばん
(ひらがなで書かれたことばになれる)

ねらい

　ひらがなが音を表わす記号であることや，ひらがなと図形との形の違いが何となくつかめてきた児童に対して，身のまわりにあっていつも目につく，ひらがなで書かれたことばにふれる機会を多く作りましょう。そのために，いくつかのことばを書いて身のまわりにはっておくのもよいと思います。いつも目にふれることによってたくさんの文字で書かれたことばになれ，やがて「とけいのと」とか「たんすのた」とかいった文字指導にはいる準備段階とします。

準備する物

- 絵カード……「ひらがなさがし」で用いたようなお店のカード10枚くらい。
- 表はお店と看板，裏は看板の文字だけ書いておきます。

指　導

1. 先のカードを一定の場所に並べて町を作ります。絵地図のようですが，一軒一軒の店を動かしたり，裏や表にしたりできるところがこの遊びの特徴です。店の数は4，5店として表向きにしておきます。「これからおつかいごっこをしよう。みんなお店の看板を読んで買いにいこう」といってお店の看板をよく読めるのだと暗示しておきます。「にくやはどこですか」とききながら順次お店を児童に指でささせます。実際には絵を見てお店をあてるのですが，指導者は「よく看板が読めたね」と文字の方へ注意を向けるようにしむけていきます。お店の位置は変えないようにして，次第にお店の数を増していきながら児童の興味をつないでいきます。8店くらい行なえばよいでしょう。教室で行なうときは黒板にはり，「にくやはここですか」と一軒一軒きいていき，「ちがう」「そう」といわせます。

2. 店と位置の関係が少しずつはっきりしてきたら，カードの一部（4枚くらい）を裏むきにして同じやり方でお店をあてさせます。児童が「ここ」と指示したら，表むきにして「すごいな。字が読めた」といってほめてあげます。そうし

ことば　第１期

てあたるたびに表向きにして絵を見せ，全部表になるまでやります。裏にするカードの数は次第にふやしていき，全部のカードを裏向きにして，文字で書かれたことばであてられるようにします。このとき児童は多くの場合位置関係でおぼえてしまうのですが，それでもよいでしょう。くり返しやっているうちに少しずつ，文字で書かれたことばになれるようにして，児童には「字が読める」という暗示を与え，自信をつけていくのです。

3. 児童が２の段階を十分に経験したあと，お店の位置を少しずつ変えて行なってみます。児童の興味もまた新鮮なものとなり，文字で書かれたことばになれる点でも一層たしかなものとなっていきます。

生活への発展

・　教室内にある物にひらがなでなまえを書いておきます。日直のカードや児童の胸に名札をつけたりすることもよいでしょう。

・　学校の近隣の絵地図のみかたに利用することもできます。「まっすぐ」「右どなり」「左へまがる」などのいい方にもなれさせるようにします。

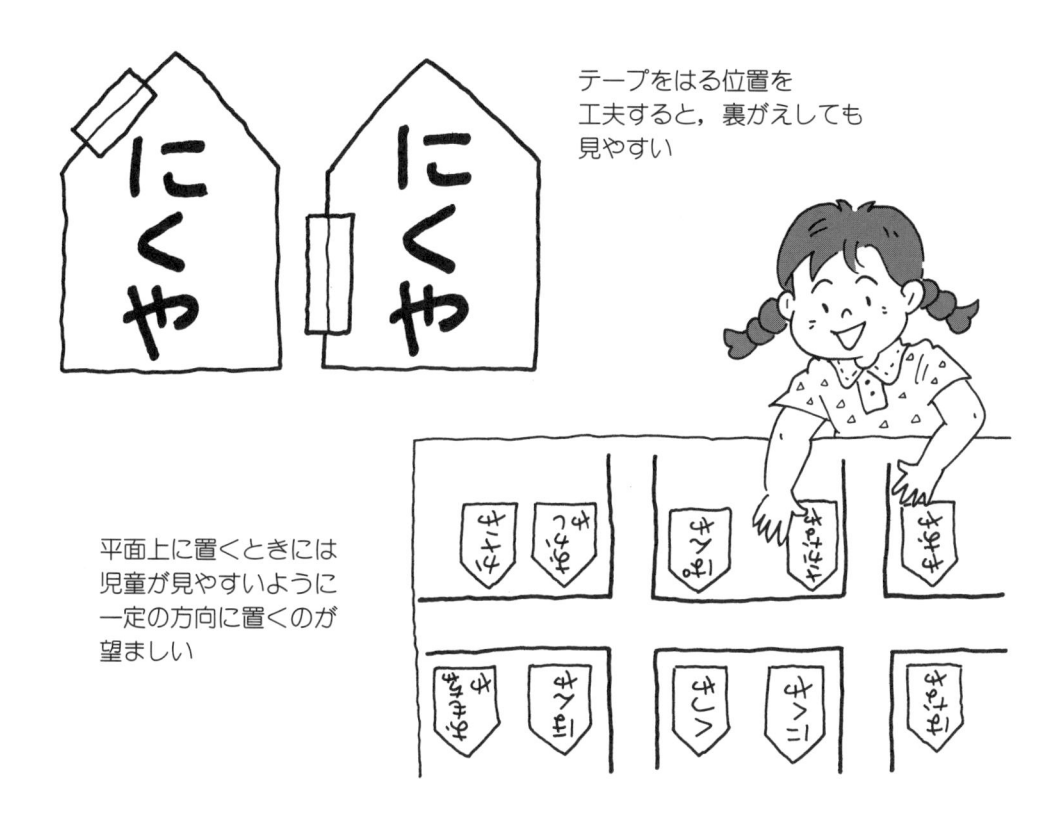

テープをはる位置を
工夫すると，裏がえしても
見やすい

平面上に置くときには
児童が見やすいように
一定の方向に置くのが
望ましい

かるたあそび
(文字になれる)

ねらい

　かるたあそびは児童がとてもよろこんでやる遊びの一つです。かるたはだれがたくさんとれたか，といった興味ばかりではなく，ことばへの興味，正しい発音，文字になれる，作るなどいろいろなねらいがあると思います。しかしこの段階の児童へのねらいとしては，まだいわゆるかるたとりとまではいきません。

1. かるたとりのやり方をおぼえる。
2. ことばを正しく聞きとる。
3. 文字を認知することになれる。
といった程度のものでしょう。

準備する物

- 表が絵，裏がひらがなになっているカード 20 枚くらい。「う，か，け，し，す，つ，と，の，ふ，み，も」などが比較的まちがいの少ないひらがなですが，この他に自分のなまえや，ともだちのなまえに関係のあるひらがなも用意するとよいでしょう。

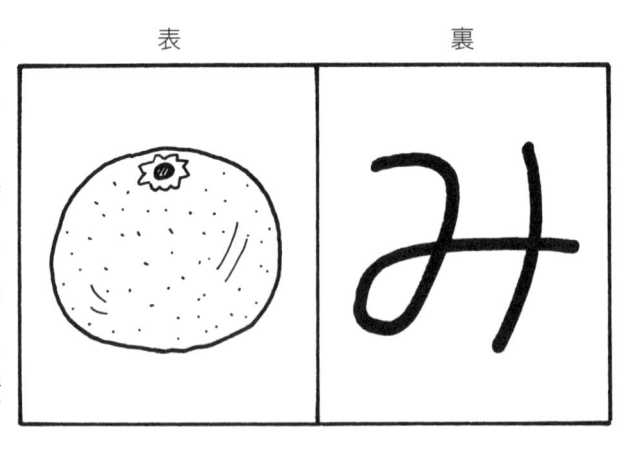

指　導

1. 五十音全部を指導するのがねらいではありません。ひらがなの中には，形や音の混同しやすいものが多いので，この期の児童にはかえって抵抗を与えてしまいがちです。そこで上のようなひらがな文字の札を用います。初めは，絵の方を表にして位置はばらばらに置いておきます。その絵に描かれたものをいっ

ことば　第１期

てとらせます。

2. 絵カードを用いてかるたとりの要領がわかってきたら，カードの裏を用いて行ないます。カードの数は６枚くらいから始め，位置もきちんと方形に並べておくようにします。カードを並べるときは，絵の方を一度よく見せてから並べましょう。そして「みかんの㋯」といったように読みます。初め児童は任意のカードをとって裏を見るというやり方をしますが，それも一過程としては許すべきでしょう。カードを１枚とるごとに１枚補充していきます。そしてたえず６枚の中から一つを選ばせるといったやり方をするのです。さがし方は，はしから順を追って見つけていくように指導します。眼球運動の訓練にもなります。カードをあまり多くしますと，さがし出す抵抗が大きすぎて，かるたあそびの興味が少なくなってしまいます。

3. ２が十分に行なわれた児童に対して，カード全部をバラバラに置き，同じように「みかんの㋯」というように読んでとらせます。一字一字たとえば「み」と読んでとらせるやり方はもう少し先になって指導することにします。

生活への発展

- 一つのものを２人でとりっこになった場合の問題解決のしかたは，どうしたらよいか，なるべく児童自身に考えさせるようにしましょう。この子たちは物をさがすのが不得手のようですが，目的物をさがすのに順を追ってさがすようにしましょう。

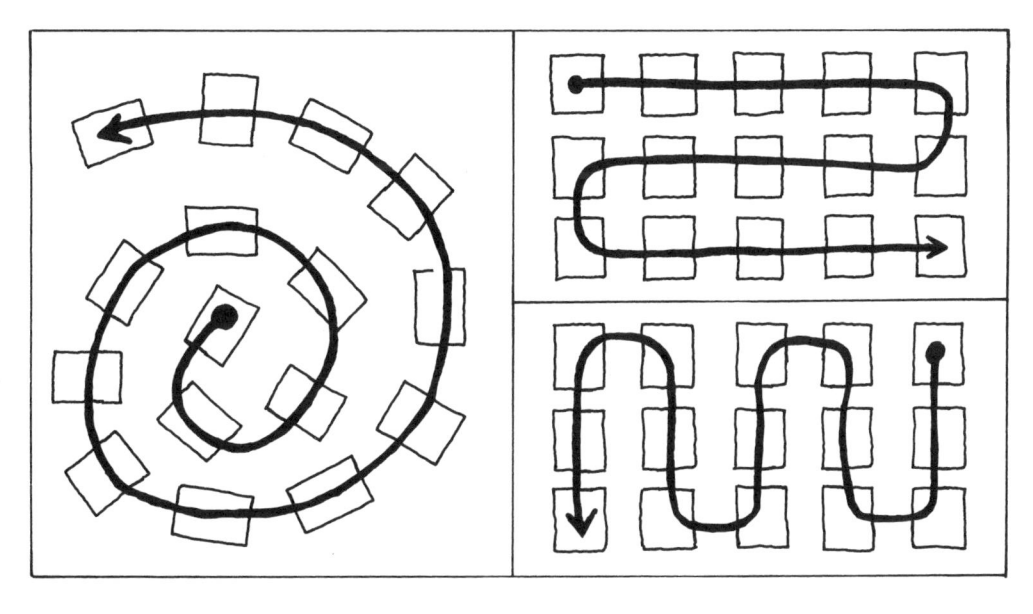

鬼 た い じ

（5までの数詞を唱える）

ねらい

　数の入門ともいうべき数詞唱えは，よくリズミカルに歌のように練習しがちですが，これだけをとり出して練習してもあまり役に立ちません。特に知的障害児にとっては，まとまった生活経験の中で1対1対応をしながら数詞を唱えることになれさせる方が効果的です。児童にとって数詞唱えをする必要のはじめの段階としては，

1. 一定の時間をつかむために数詞を唱えるようになる。
2. くり返し数詞唱えを聞くことによって，1から10までの音と順序の関係を体得するようになることが考えられます。

準備する物

- 鬼の面を5枚くらい黒板にはっておきます。

指　導

1. 「桃太郎と鬼退治」のような話を聞かせたあと，児童に鬼退治をさせます。「鬼は豆が大嫌いなのでこれから鉄砲に豆を詰めて鬼を退治しよう」といって鬼の面に向かって鉄砲をかまえさせ，「いち，に，さん」の掛け声にあわせて「ズドン」と鉄砲をうたせます。児童全員の出す「ズドン」の音が全部そろったら鬼に豆弾丸が当たったことにして，黒板から鬼の面を一つずつ落としていきます。繰り返し唱えることによって「1，2，3」のリズムを体得させます。
2. 児童に対して「1，2，3」のリズムを首をふることでとらせていくようにします。指導者は「いち，に，さん」の音をだんだん小さく発していくようにします。そうすることによって，児童は心の中

かず　第１期

　　で「１，２，３」を唱えて首ふりの動作と対応させていくようになります。
3. 指導者が鬼になって，外にいる児童をつかまえる鬼ごっこをします。床に円をいくつか描き，それを児童の家にみなし，適当な人数だけわけて入れます。鬼は真ん中にいて「１，２，３，４，５」と数詞を唱えます。数詞を唱えている間に，児童たちは次の家に移動しなくてはなりません。鬼は「５」まで数詞唱えをしたあと，移れなかった児童をつかまえることができます。
4. 家庭など少人数で遊ぶときは台を二つ用意して「５」までの数詞唱えをする間に台から台へ移動するようにしてもよいでしょう。要するに，指導者の行なう数詞唱えを，少しでも多く聞かせるようにすることが大切なのです。

校庭でする

4.3.2.1

1.2.3

家庭でする

10 で 立 と う

(10までの数詞を唱える)

ねらい

「鬼たいじ」のねらいとほとんど同じです。
1. 「いち，に，さん……」と数詞ごとにはっきり区切って唱えることによって1対1対応の基礎を養うようにします。
2. 数詞の順序に少しずつ気づくようにしむけていきます。

指　導

1. 児童を目をつぶらせてすわらせます。そして，1から10まで数詞唱えをし，「10」（じゅう）の音と同時に立つように指示します。「じゅう」をひときわ大きな声で発し，タイミングよく立つことのおもしろさを知らせます。初めは「いち，に，さん……」と同じテンポでやりますが，なれるに従ってテンポやリズムを変えていきます。
2. 「いち，に，さん……し……ご」とリズムを変えて唱えてやると，「じゅう」という音がいつ発せられるかに期待をよせるようになってきます。くり返して行なううちに「はち，く……」というように，10に近づくほど緊張してきます。このことは数詞の順序に関心を深めていくことになるでしょう。
3. ルールになれてきたら，「8で立とう」とか「7ですわろう」とか，変化させて興味をつないでいきましょう。

生活への発展

- 「1，2，3」の合図で物を持ったり，とんだりするように数詞唱えを日常生活の中で，ことばとして用いるようにします。
- おふろの中で「10まで数えたらあがるようにしよう」といって児童といっしょに数詞を唱えましょう。
- 鉄棒で「いくつ数えるまでぶらさがっていられるか」といって数詞を唱えてやりましょう。
- ブランコに乗って遊ぶとき，ブランコの振動と数詞唱えとを対応させながら，

かず　第1期

交替するまでの時間を「いくつまで」と定めて行ないます。
- かくれんぼのルールがわかる児童に対しては，鬼に数詞を唱えさせます。
- この他，おふろ，ボールつき，なわとびの遊びの中でも指導できます。

だるま落とし

(数詞唱えと個数を対応させる　1)

ねらい

　リズムにあわせて数詞唱えができるようになったら，具体物を数えるための下地として数詞唱えを発展させていきましょう。
1. 具体物や動作と結びつけながら数詞唱えができる。
2. 最後に唱えた数詞が，個数を表わすことがわかる。

準備する物

- だるま1個……児童とともに作ってもよいでしょう。新聞紙をまるめて大小2個の玉を作ります。中心に割りばしを入れて上から糸でしばり，2個の玉をだるま状に接着させます。和紙を細かく切って，表面にのりではりつけます。自由に着色したり顔を描いたりします。茶筒にだるまの絵をはってもよいでしょう。
- 玉入れの玉10個くらい，だるまをのせる机または台。

指　導

1. 児童の机上か台の上にだるまを1個置いておきます。「だるまさんにらめっこしましょ」の歌などをうたって，ゲームの雰囲気を作っておくとよいでしょう。
2. だるまの台から2〜2.5メートルくらいはなれたところに線をひき，そこから玉入れの玉を投げてだるまにあてます。だるまが台から落ちるまで投げ続け，何個の玉を用いてだるまを落とすことができたかをはっきりさせます。大体10個くらいの玉を用いて落とすことができるように，だるまの台との距離を調節しておくとよいでしょう。
3. 玉を投げるたびに，全員で数詞唱えをします。たいこなどを打つのもよいでしょう。玉は指導者が一つずつ渡すようにしないと，一度に2個投げたりして数詞唱えと合わせにくくなります。児童はだるまの落ちる瞬間に期待をよせていますので，落ちたときの数詞をはっきりさせると同時に，数字を書いたカードを渡します。

かず　第１期

4. 投げられた玉を集めて，もう一度数詞唱えをしながら数えてみます。最後に唱えた数詞と，手に持ったカードの数字との結びつきをさせます。

生活への発展

- 肩たたきをさせて，動作と数詞唱えとの結びつきをはかりましょう。数詞唱えは，初めに「いくつまで」ときめておいて，おとながいっしょに唱えてあげるとよいでしょう。
- 床のからぶきなどのときにも「10まで数えたら前へ進む」ようにすると，数詞唱えと床ふきの前進動作との関係がゲーム化されてよろこぶものです。

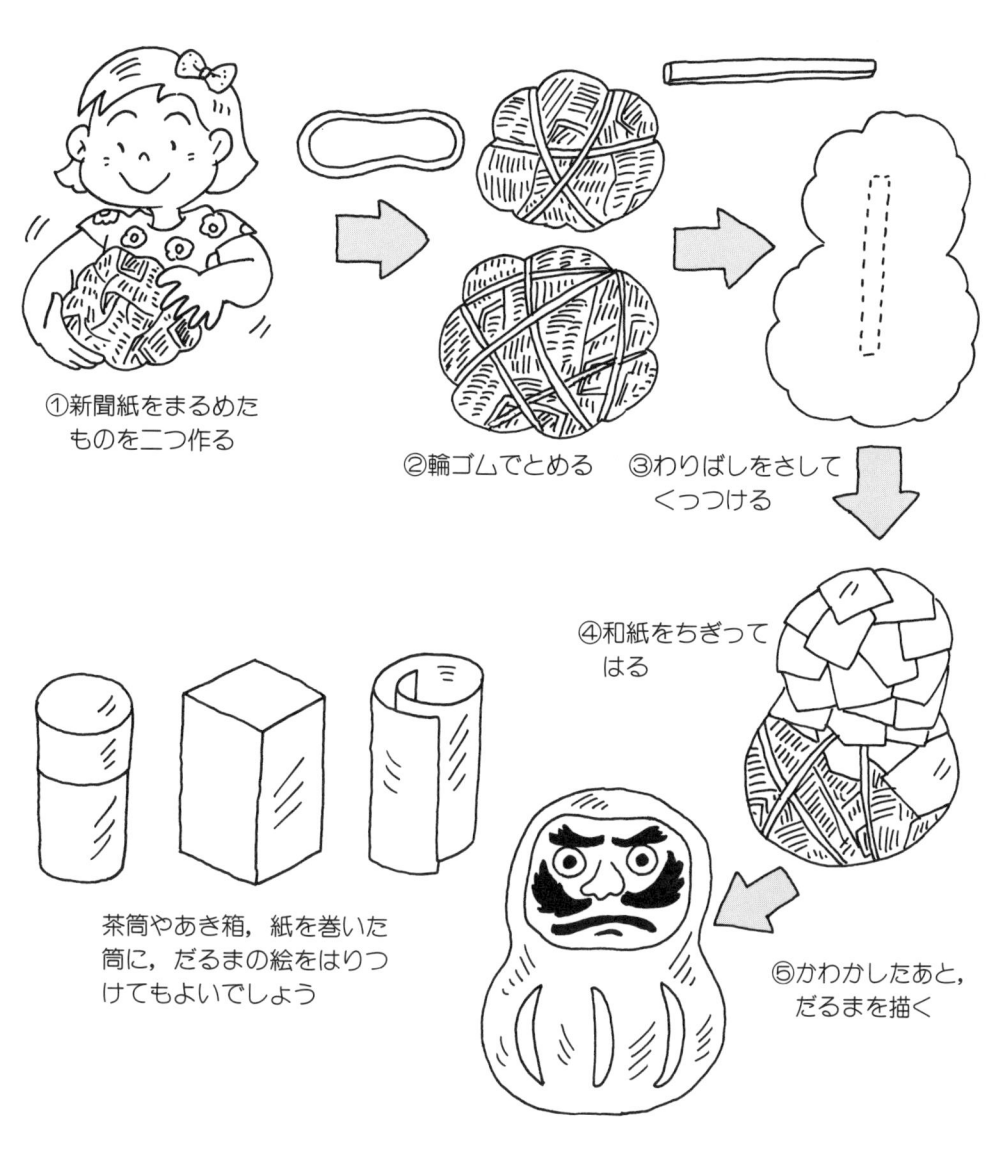

①新聞紙をまるめたものを二つ作る

②輪ゴムでとめる

③わりばしをさしてくっつける

④和紙をちぎってはる

⑤かわかしたあと，だるまを描く

茶筒やあき箱，紙を巻いた筒に，だるまの絵をはりつけてもよいでしょう

帽子おくり

(数詞唱えと個数を対応させる　2)

ねらい

　数詞唱えをしながら具体物の一つ一つに手をふれることができても，いわれた数だけ具体物を数えとることは非常にむずかしいことです。しかし，これができなければ完全に対応の学習ができたといえません。ここでは少しでも児童の生活の中に数詞唱えをする場面を多く作って，上のような学習をする準備態勢を作っておこうとするものです。

1. 物と結びつけながら数詞を唱えることができる。
2. 最後に唱える数詞をはっきり意識することができる。

準備する物

- 帽子1個……体育のときに使う紅白帽でもよいでしょう。

指　導

1. ハンカチ落としのように児童を円陣にしてすわらせます。1人の児童を選び出して帽子をかぶらせます。帽子をかぶった児童は鬼になります。
2. まわる方向をきめておいて，鬼は自分の次の人から，数詞唱えをしながら両手で1人ずつ頭をさわっていきます。自分の好きなだけ数詞唱えをしてやめます。やめたところで，その場にあたった児童に，自分のかぶっていた帽子をかぶせて鬼を交替します。交替された児童はその数詞のつづきを唱えながら行ないます。ここでたいせつなことは，数詞唱えと児童ひとりひとりの頭をさわる動作とをしっかり結びつけるようにすることです。待っている児童にとっては，自分に帽子があたるかどうかといった興味，鬼になった児童は，友だちの頭を順にふれることができる興味が，この遊びを楽しいものにしてくれるでしょう。
3. 鬼になった児童の数詞唱えに誤りがあった場合には，また1からやり直すようにするとよいでしょう。
4. 初めは数える数詞の範囲を鬼になった児童に応じて任意にさせておきましたが，やり方に慣れてきたら帽子交替の数詞をきめてやるのもおもしろいでしょ

かず　第１期

う。たとえばストップの数詞を「6」ときめた場合には，6番めごとに帽子交替となるわけです。この場合は全員で数詞唱えをし，「6」の数詞で止まることをその都度はっきりさせましょう。指導者は数詞の範囲を次第に広げていくように指導していきます。

必ず両手で頭にさわって
次に進むようにします

多い少ない
(目分量でくらべる)

ねらい

多い少ないを比較するには，目分量でくらべる，数えてくらべる，量をはかってくらべるなどいろいろな方法がとられますが，いずれの場合でも量が非常に接近した状態でくらべることに意味があると思われます。しかし知的障害のある児童にとっては，「どちらが多い」といったような，一方を基準として考えることはむずかしく，自分の要求を基準にして考えがちなものです。そして「どっちも少ない」などと答えてしまうこともあるわけです。
そこで，
1. くらべあう物どうしをそれぞれの群としてみなすことができ，「こちら」「そちら」を自分からはなして見ることができる。
2. 2群の量の差がはっきりしているものを目分量でくらべることができる。

準備する物

- コップ，びんなど透明な容器。じょうご。おぼんかお皿。砂，水，豆など量ではかるもの。みかん，キャンデーなど数えられるもの。絵カード。

指　導

1. 砂場などでびんに砂を入れる競争をします。じょうごを使うとよいでしょう。「やめ」の合図で，びんにはいった砂の量をくらべあいます。この時「自分の」に対して「相手の」ということをはっきりさせ，2群の量のくらべっこをするわけです。びんを近づけて，砂の部分の深さでくらべあうといった方法も発見していくことでしょう。「どちらが多い，少ない」がはっきりしたら，びんから砂を出して，それぞれの別のおぼんのようなものの上へ山を作り，「どちらが多いか，少ないか」をくらべあいます。砂のかわりに色水を使って，スポイトでコップへ移させる競争もおもしろいでしょう。
2. 数えられるものの比較をします。同じ皿状のもの2枚に，みかんのようなものをのせる競争です。「どちらが多くのせられるか」こぼれないようにたくさん

かず　第1期

のせた方が勝ちとなります。「やめ」の合図で目分量でくらべあいます。目分量ではっきりしないときは，並べあってくらべます。

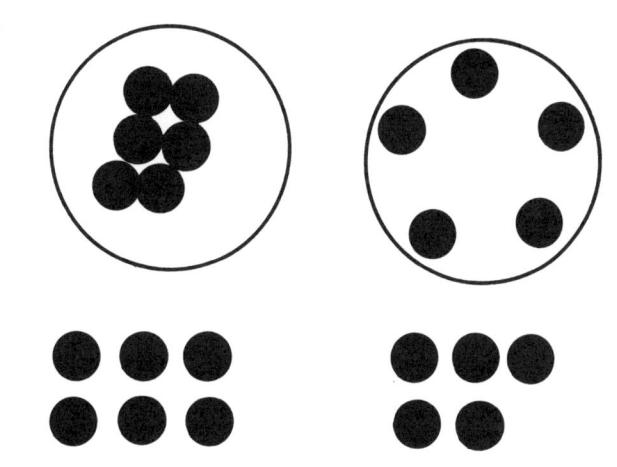

3. 2で「多い少ない」がわかってきたら，粗密を変えてくらべます。目分量でくらべたあとに，必ず同じ密度にしてくらべなおします。

4. 絵カードを用いて反復練習を行ないます。この場合，量の差が，視覚だけではっきりわかるもので行ないます。比較の意味が理解できた児童に対して，2枚の絵カードを示して比較を早くさせる訓練です。

5. 「多い少ない」という言葉がわからない児童でも，「たくさん」という言葉ならわかる場合があります。このようなときには，「多い」と「たくさん」を並行的に用いながら同義語であることを知らせていきます。

生活への発展

・ ねん土工作のときに，ねん土を見本と同じくらいの量にわけさせて，くばらせます。

・ 給食のときに，分量を指示してそれと同量くらいずつミルクをくばらせます。

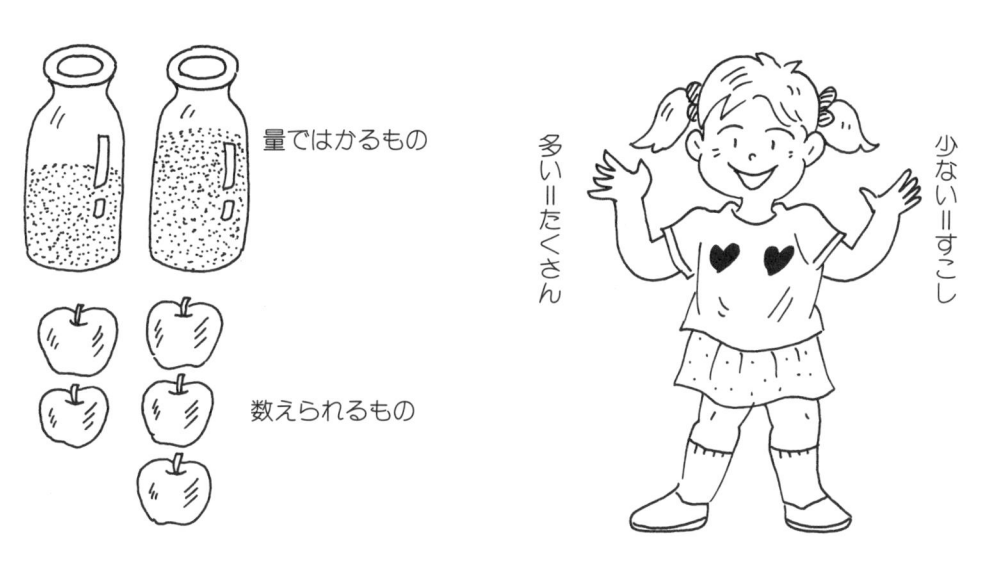

量ではかるもの

数えられるもの

多い＝たくさん　　少ない＝すこし

音にあわせて

（音と動作を対応させる）

ねらい

数えるという学習は，数詞にあわせて一つずつ取ることから始めます。ところが知的障害児にとって一つずつ取るということがかなり困難なのです。取る数がまちまちになったり，数詞にあわなかったりする結果，数えることがうまく行なわれないのです。

1. リズムにあわせて一つずつ物を取ったり置いたりすることができる。
2. 数詞唱えにあわせて一つずつ物を並べることができる。

準備する物

- 玉入れの玉か，お手玉を1人5，6個，タンバリン，2拍子の曲。

指　導

1. 机の上にチョークで大小2個の円を描きます。2拍子の曲にあわせて，左の円から右の円へと，円の中へ指を入れる練習をします。指が円の中にうまくはいらないと円周が消えていくので，児童はリズムをとることと円を意識することにかなりの集中力を要します。
2. 机の左側に玉入れの玉を5，6個並べておき，右側にざるか箱を置きます。タンバリンをリズミカルにたたき，玉をリズムに合わせて一つずつ左から右へ移します。
3. こんどは玉のはいった箱を左側に置き，タンバリンの音にあわせて玉を一つずつ出して右側に並べます。なれてくるに従い，タンバリンをたたく数を玉の数より少なくしていきます。たとえば，タンタンと2回たたいた場合は，玉は二つだけ並べられ，箱に数個の玉が残るわけです。音と，玉をとる動作とがしっかり対応していない児童は，箱の中の玉を全部並べないと気がすまないものです。
4. 2，3のやり方で，指導者はタンバリンをたたくと同時に「いち，に」と数詞唱えを行ないます。数詞唱えと，物を一つずつ取る動作との対応を確実にし

かず　第1期

ていきましょう。

生活への発展

- 組の人数を数えてその数だけ用紙を受け取るようにさせます。
- 出席者を数えてその数だけ表に○を記入します。
- 給食のパンを人と対応させて配らせます。このとき，配る順序をきめておかないと配られないものがいても，気づかれないことがあります。一つずつ順にということは対応の学習の上では，重要なことです。

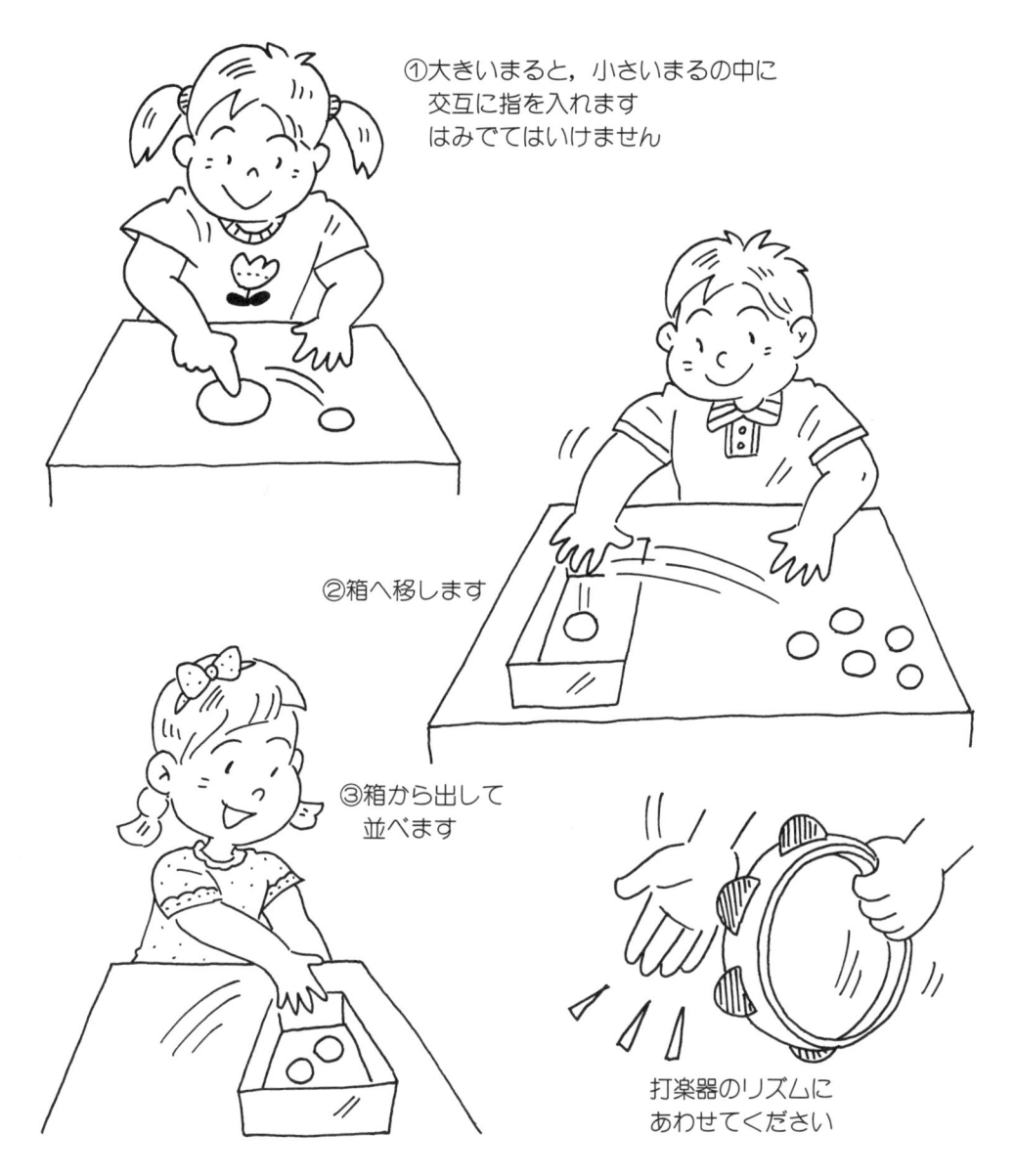

①大きいまると，小さいまるの中に
　交互に指を入れます
　はみでてはいけません

②箱へ移します

③箱から出して
　並べます

打楽器のリズムに
あわせてください

ならべっこ

(並べて数える)

ねらい

　知的にまだ分化されていない時期の児童は，物を量としてとらえたり，数でとらえたりすることがむずかしいものです。たとえば，同じ数のものを，並べ方を変えたり，粗密を変えたりすると，もう数も量もちがったものとして錯覚してしまうことがよくあります。そこで物を数える前の基本として，数えやすいように並べなおしてみるという方法を指導しましょう。

1. 3個および4個のものをいろいろに並べたり整理したりする。
2. 3個の集合をつかむことができる。

準備する物

- 板の上に3本および4本のくぎを立てたカードさし。
- くぎにかけられるようなやや厚手の紙で作った正方形のカード。このカードは3枚および4枚1組で4組くらい。
- 各組とも色ちがいにします。
- プリント用紙(別図)，3と4の数図。

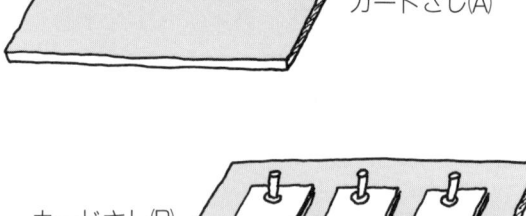

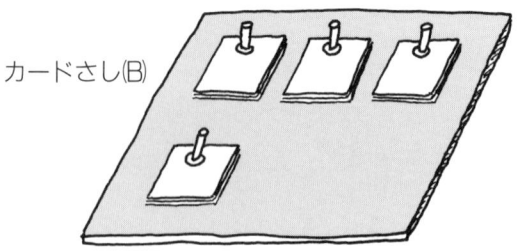

指　導

1. 3枚1組となったカードさし(A)からカードをとって，プリント用紙の上にのせます。プリント用紙ごとに色のちがったカードを用いさせ，3枚のカードを用いていろいろな並べ方をさせるわけです。全部並べたあとはまたカードさし(A)にもどさせます。このことを通じて，いろいろな並べ方の3個の集合をつかみ，どれも同じであることを体得させます。
2. 4枚1組となったカードさし(B)を用いて，同じようにいろいろな形に並べさ

かず　第1期

せます。並べたあとはやはりカードさし(B)にもどさせます。

3. 3と4の数図を1枚ずつ適宜見せて「3」か「4」かを見わける訓練をします。「2」までの数の把握は比較的容易ですが「3」「4」となると困難のようです。そこで数図を頭の中にしっかり入れさせ，具体物を数図のように並べ変えさせて数えるような準備態勢を整えます。

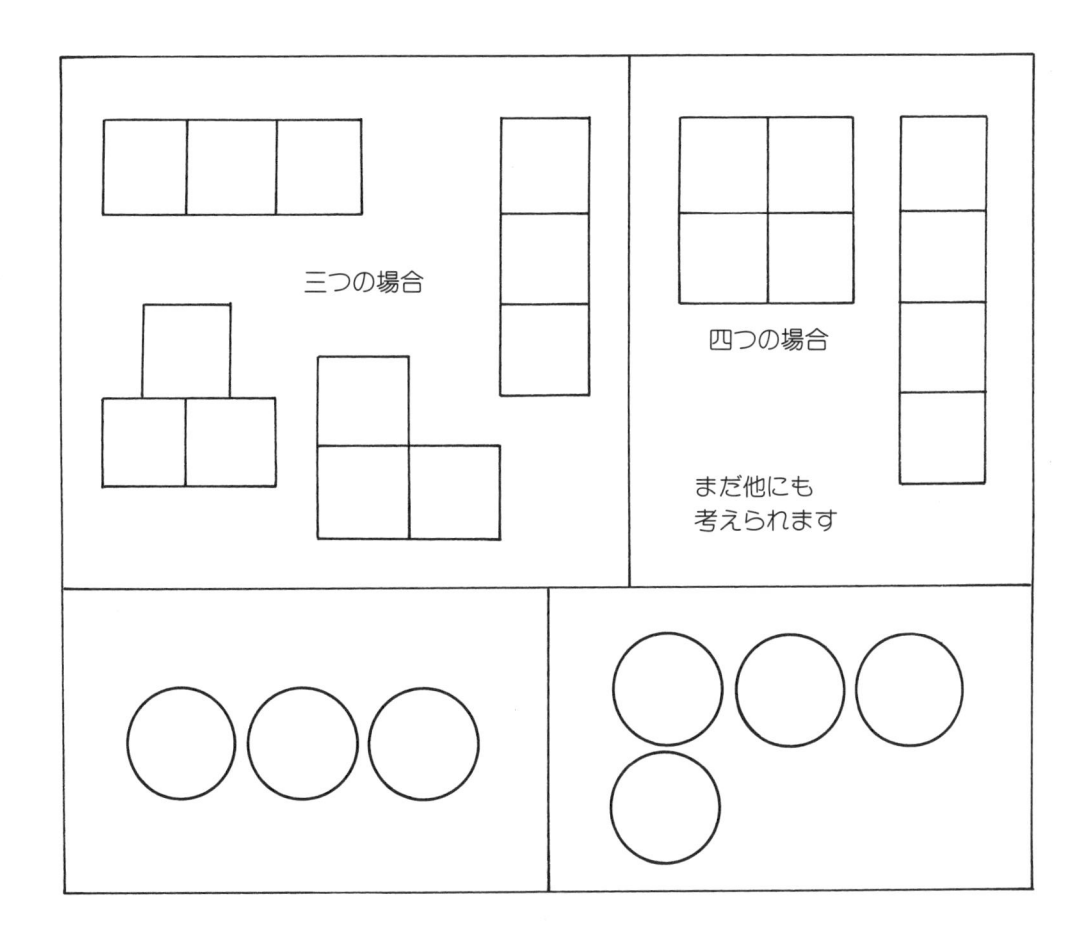

三つの場合

四つの場合

まだ他にも考えられます

3個までの集合は視覚的にとらえやすいものです。3個を基本とした数図を利用して，次第に4個までの集合を理解させていく方向へもっていきましょう。

生活への発展

・ 紅茶皿に角砂糖を二つずつのせてください，キャンデーをお皿に三つずつのせてください，などのお手伝いを通して二つ，三つの集合を把握させます。

・ 扇風機のプロペラや，クローバーの葉が3枚で組み合わせてあることに気づかせましょう。

紙やさん

（物と物とを対応させる　1）

ねらい

　一つずつ配るとか，数詞と物と一つずつ結びつけるとかいう学習は，いろいろな機会をとらえて，くり返しくり返し行なうことがたいせつです。この基礎づくりがしっかり行なわれていないと，数の指導のつみあげがむずかしいのです。

1. 1人に1個ずつ配ることができる。
2. 紙の枚数や切る動作と数詞唱えとの結びつきを確実にする。

準備する物

- ゲームに参加する人数より1枚少ない数の紙。紙は画用紙くらいの厚さで1枚だけ裏に印をつけておきます。
- 「紙やさん」の曲。

指導

1. いすを円陣に並べ児童をすわらせます。児童1人を選び，紙やさんにします。用意した紙を渡し，全員で枚数を確かめます。このとき1枚1枚はっきりと数詞唱えをして数えさせましょう。
2. ルールを理解させます。用意した紙の中に1枚だけ印のついた紙がまじっていることを知らせ，この紙があたった児童が次の回に紙やさんになるのです。紙やさんになった児童は，自分の次の席から順に1枚ずつ配っていくことを約束させます。
3. 紙を10回切ることにします。児童全員で切る動作に合わせて数詞唱えをします。
4. 紙やさんの歌をうたいます。うたい終わったら「はいっ」「はいっ」といいながら表にして1枚ずつ配ります。紙やさんになった児童は友だちに1枚ずつ配る興味，紙をもらう児童は印がついている紙が自分にあたることを期待することがゲームの要素です。全児童に紙が配られたら「1，2の3」で裏向きにし

かず 第 1 期

　　て印の有無を確かめます。トランプで行なうときは，ジョーカーをあたりの札にしてもよいでしょう。
5.　対応がうまくできないときには，紙があまったり不足したりするわけです。そのときはその原因を発見させてやりなおしをさせます。
6.　1回のゲームが終わると次の紙やさんが全部の紙を回収し，初めに数えた枚数だけ回収できたかどうか確かめます。このとき全員の数詞唱えにあわせながらやるようにしましょう。
7.　紙を切るのがむずかしい場合には，玉入れの白玉を箱に入れ，赤玉を1個だけまぜておき，数詞唱えに合わせて振るようにするとよいでしょう。そして上部に小さい穴をあけておき，そこから玉をとるようにする「玉やさん」に変えてやるようにします。

紙 や さ ん

か　み　や　で　す　か　み　や　で　す
か　ー　み　は　い　か　が　か　み　や　で　す
か　ー　み　を　く　だ　さ　い　こ　ち　ら　で　す
そ　れ　で　は　か　み　を　う　り　ま　しょ　う

あたりの印は
どんな
もようでも
よい

りんごの木

（物と物とを対応させる　2）

ねらい

　物と人とを対応させて一つずつ物を配ることができるようになっても，配る前に人数を数えて，その数だけ物を取ったり用意したりすることはなかなかむずかしいものです。そこで，次のような学習をさせるとよいでしょう。

1. 図一つと物一つの対応を確実にする。
2. 図に表わされた数に対応させて物を数え，取ることができる。

準備する物

- 秋のくだものなどの学習として作ったりんごの絵を切りぬいたものを1人に5個くらいずつ用意します。りんごのかわりに花でもよいでしょう。
- 模造紙か黒板にりんごの木を描いておき，りんごの果実をはるべきところへりんごと同じ大きさの小円を図示しておきます。図の数は，児童の数を把握する力に応じて，3個くらいから始めるとよいでしょう。図の上には，りんごの絵がすぐにはれるように，両面テープかセロハンテープを輪にしてつけておきます。

指　導

1. 別図のように，りんごのなる木の図の手前にりんごの絵を置きます。2組にわかれてスタートし，図に描かれた数だけりんごをはって，ゴールへ進む競争です。リレーにするときには，1人ごとにりんごの木の図をとりかえます。ルールとして重要なことは「りんごの木に描かれた図全部に過不足なくりんごをはること」「余分に持っていったりんごは必ず元の場所へ返しておくこと」を約束します。初めは「いくつ持っていったらよいか」ということは指示しないでおきましょう。図の数は児童の数の把握程度によってちがいますが，3個くらいから始めて次第に5個くらいまでふやしていくとよいでしょう。
2. 初めはりんごを1個ずつ取ってはりにいきます。そうすると図が3個の場合は3回往復しなければなりません。

かず　第１期

3. つぎに，たくさん持っていって図の数だけはって，余分を返してゴールインする方法をとります。この場合は余分を返しに行くという回り道があるのでそれだけおそくなります。
4. 最良の方法として，図の数に対応させてりんごを数え取ることを発見できれば成功です。図の数が３の場合は，りんごも３だけ数え取っていくといった見通しをもった方法を獲得させましょう。

生活への発展

- １枚のお皿に一つのケーキをのせる場合，ケーキの数だけお皿を用意すればよいことを経験的に気づかせます。知的障害児は，ケーキののったお皿の数を数えさせますと，ケーキはケーキ，お皿はお皿と別々に改めて数え直すような傾向が見られるようです。

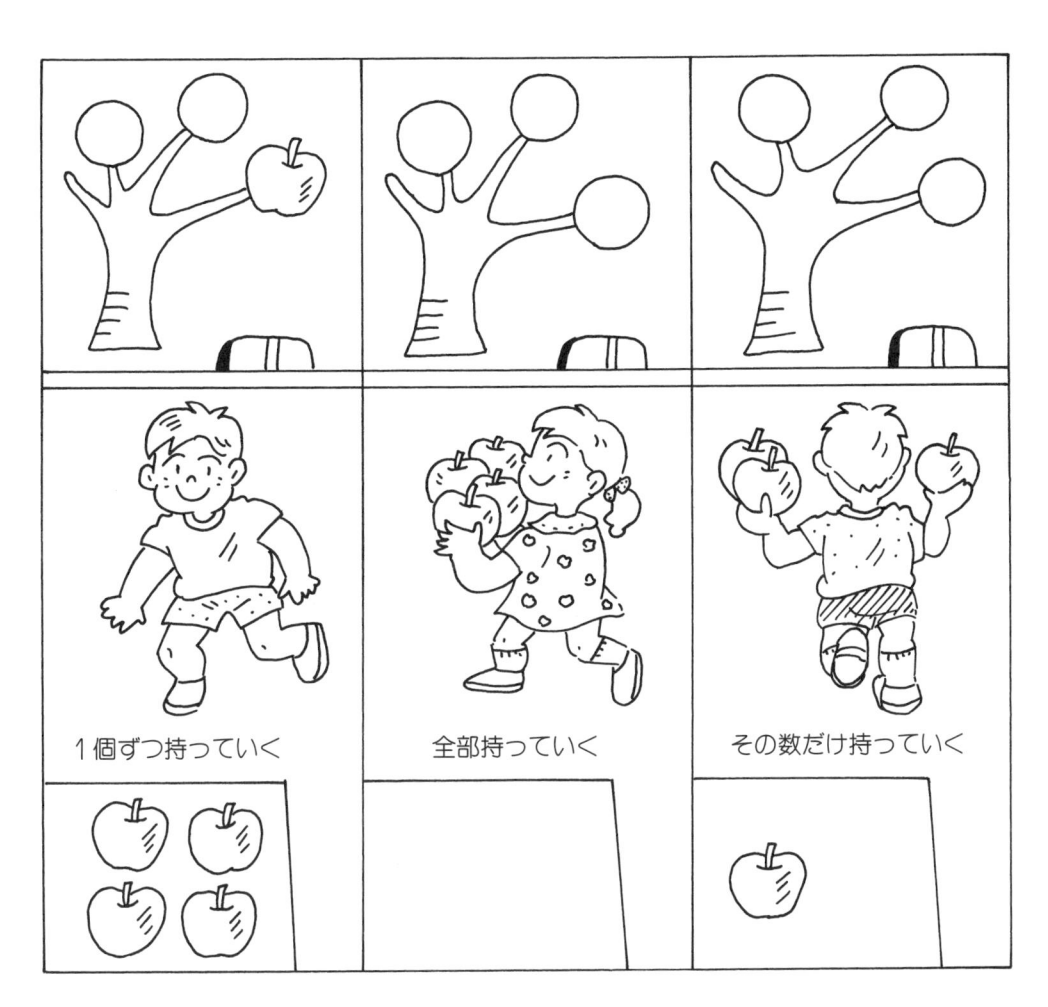

１個ずつ持っていく　　全部持っていく　　その数だけ持っていく

組 わ け あ そ び

（数詞唱えと動作を対応させる）

ねらい

　数詞唱えや対応の学習は，いろいろな生活場面でくり返し行なうようにしたいものです。そこで，この組わけあそびを通して，
1. 動くものと対応させて数詞唱えができる。
2. 最後に唱える数詞をはっきり意識することができる。
このような機会とします。

指　導

1. ゲームをする前に2組にわかれるような場面がよくあります。このとき，指導者が「Aちゃんは赤組」「Bちゃんは白組」ときめてしまうよりも，いろいろな方法を使って組わけをしてみるのもおもしろいでしょう。キャプテンにジャンケンで組員を選ばせる方法もありますが，ここでは数詞唱えと結びついた組わけの方法を行ないましょう。児童を1列に並べてすわらせておきます。別に2人の児童を選びだし，向かいあって両手をつなぎゆりかごを作らせます。
2. 前から順に，1人ずつゆりかごにはいります。児童がゆりかごにはいったら全員で数詞唱えをします。初めは10まで唱えることにします。ゆりかごになった2人の児童は，数詞唱えにあわせて両手をふり，ゆりかごを右に左にゆらす動作をします。「10」のときにふられた方向に，中の児童をだします。
3. その場にいる人数の回数だけ数詞唱えをして全員を組わけするのですが，2組の人数が均等になるためには，指導者がゆりかごをふる最初の方向をきめてやればよいでしょう。
4. 別の方法として，児童2人を除いた全員の手をつながせて，輪を作らせます。2人の児童には1と同じように両手をつながせて，輪の一部をまたぐようにしてサークルを作らせます。全員で数詞唱えをしながら一数詞ごとに1人ずつサークルの中を通っていきます。全体の人の輪は数詞唱えに合わせながら方向をきめて回っていくようにします。「10」の数詞にあたった児童はサークルからおろします。すなわち，10番めごとに児童を組わけするのです。「10」の数詞が近

かず 第1期

づく期待とサークルが自分にふれることが興味とつながっていくでしょう。

全員が
リズムにのって
動かないと
　順番が狂って
　しまいます

第 1 期のまとめ

　子どもたちだけで遊ばせると「わあわあきゃあきゃあ」と声をあげて走りまわったり，何となくふらふらしている子どもでも，ちょっと遊びの指導をしてあげると，ややまとまりのある遊びが楽しめるようになります。そういう遊びの中から，子どもが「人とうまくつきあえる」ための技術や知恵が身についていくのです。簡単なものでもルールのある遊びに参加していくことができるようになることが第1期のねらいともいえるでしょう。ルールを理解するためには，指導者の指示することばを聞いたり，物を見わけたりしようとする姿勢がなくてはなりません。

　さて，第1期の遊びをやり終えてみて，目や耳をはたらかせようとする意欲が向上したでしょうか。「よく見よう」「よく聞こう」とする意欲を向上させるほど，おもしろく遊ばせることができたでしょうか。この意欲が基盤になければ「正しく見わけたり，聞きわけたりする力」はついてこないのです。「このあそび，わかったぞ。おもしろいぞ。もっとやりたいな」ということになれば，「見たり，聞いたりしたこと」が子どもの側にただはいってきただけにとどまらなくなります。見たり，聞いたりしたことに対する反応があらわれます。たとえば「手をたたきましょう」というあそびに十分興味をもっていれば「手をたたいてごらん」という指示に対して「手」「たたく」という音を聞きわけることと「手」という具体物，「たたく」という動作が結びつき，自分の行動のしかたをきめて表現していくことがスムーズに行なわれることとなります。

　こうして，見たことと聞いたことを結びつけたり，行動におきかえたりしていくはたらきが促進され，表現されていくことになるわけです。子どもを受け身の存在として一方的に注入するだけをねらうのではなく，はね返ってくる行動をおこさせる投石の役割をするのが第1期の遊びなのです。ですから第1期を通して「はね返りがよくなった」とすれば成功といえましょう。

第 2 期

第 2 期のねらい

- ■ **かたち**
  位置や向きのちがいがわかる。
  右左・上下・前後がわかる。
  長短・高低の区別ができる。
  四角・三角状のものを描くことができる。
  まるや曲線や波状のもの，回旋状のものを描くことができる。

- ■ **ことば**
  訴えや依頼のしかたがわかり，できるようになる。
  正しい発音と正しくない発音が区別できる。
  一文字一音で読めるようになる。
  文字を組み立てて単語にすることができる。
  枠の中をぬったり点線をなぞったりして文字を書くことができる。

- ■ **か　ず**
  具体物や簡単な図形を数えることができる。
  数字を読むことができる。(12まで)
  １対１の対応により，多い少ないの判断ができる。
  数字を書くことができる。(10まで)
  曜日の順序，よび方がわかる。

どちらへ走っているのでしょう

（向きや位置を知る）

ねらい

　形の認知がかなりできるようになっても，位置や向きのちがいを見つけることは困難のようです。形という一面的なとらえ方をすれば◇と□とは「ちがうもの」として認知することになってしまいます。◇と□は位置や向きのちがいであって形は同じであることを理解させるためには，
1. 具体的な形を用いて形の方向性の基準になるものに気づかせる。
2. 同じ形のものでも向きのちがいがあることに気づかせる。
ことが必要でしょう。

準備する物

- 絵カード，または切りぬきカード。

指　導

1. 児童の身近な経験から，たとえば，徒競走の話をして，どちらを向いて走るのかを話し合います。実際に形を示してみて，前向きに走る場合と，後向きに走る場合とをやって見せれば，すぐにどちらが正しい向きかはっきりするでしょう。
2. 絵カード①を利用して「1人だけちがう向きに走っている子」を見つけさせます。同じように絵カード②③についてもやってみます。

（少しずつ変化を少なくしていく）

かたち　第2期

3. 置かれたものの位置のちがいを絵カードによって気づくようにします。

生活への発展

- はきものの向きに気づかせ，そろえさせます。
- 給食のあとかたづけのとき，スプーンの向きをそろえて容器に入れさせると，洗うときに手間が省けることを指導します。
- 帽子の前後に気をつけてかぶるように，つばの形によって向きを判断させます。
- 手袋の右左がわかるようにします。

風の向き・旗の向き

(二つの物の位置関係がわかる　1)

ねらい

　向きや位置に対する意識がはっきりしない前に文字指導にはいりますと，しをJと混同して書きやすいものです。鏡文字といわれる対称の向きに文字を書く子どもの原因を単に「字を早く教えすぎた」と片づけてはならないでしょう。向きや位置を認識させるような学習を十分に行なっておけば文字の認知も正しくできるようになります。

1. 一つの物に対して他の物の向きや位置の関係がわかる。
2. 抽象図形の部分の向きのちがいに気づくようになる。

準備する物

- 絵カード，線香。

指　導

1. 線香に火をつけ煙を出します。息を吹きかけて，煙の方向を見せます。線香と煙の方向との関係を理解させます。この場合，理科的におさえるのがねらいではありません。
2. 絵カード①②③を利用して「一つだけ向きが反対なのはどれか」といってあてっこをさせます。

かたち　第2期

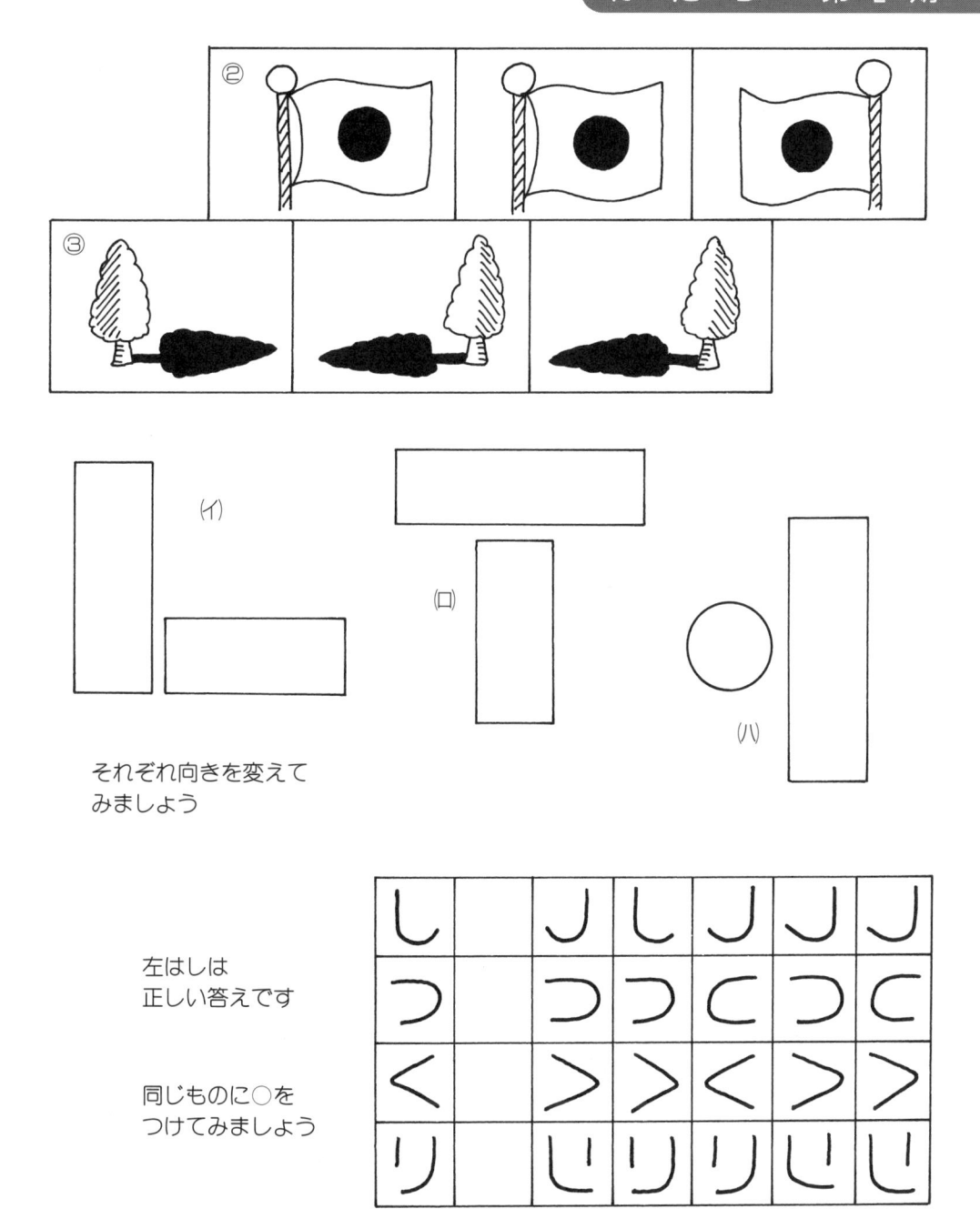

それぞれ向きを変えて
みましょう

左はしは
正しい答えです

同じものに○を
つけてみましょう

生活への発展

- 電車がくることを告げる場合や，方向を示す場合の矢印を理解させる。
- 指をさす方向と視線や進んでいく方向との関係を理解させる。交通整理員の手の向き，からだの向きと車や人の流れの向きとの関係を理解させる。

お花をうえましょう

（二つの物の位置関係がわかる　2）

ねらい

　位置や向きを正しく認知することができるようになった児童に対して，こんどは表現や表記をさせるようにしむけていきましょう。知的障害児にとっては認知したことを実際にからだで表現したり表記してみて，はじめて確実なものとなっていくのです。

準備する物

- 垣根，花のない木，花だんを描いた絵カード……各1枚，花の絵カード……大小4枚ずつ。

指　導

1. 指導者が指示した通りの位置に花を置かせます。「これからお花を咲かせましょう。垣根のどこへ咲いたかよく見て，先生と同じところへ咲かせてね」といって示範して見せ，児童にはそれを見せながら垣根の上へ花を置かせます。

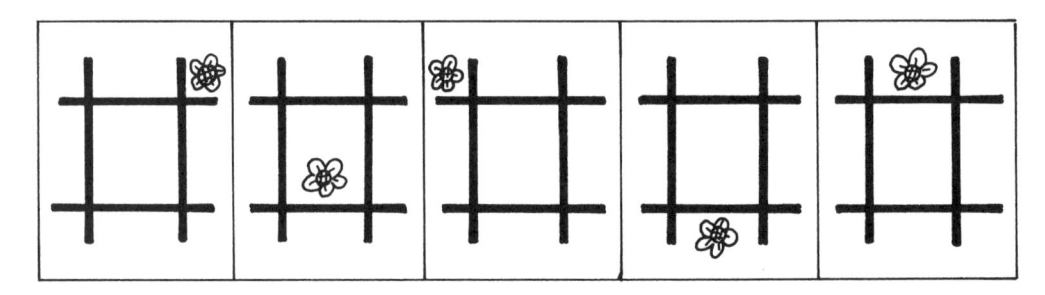

かたち　第 2 期

2. 花の数をふやして行ないます。

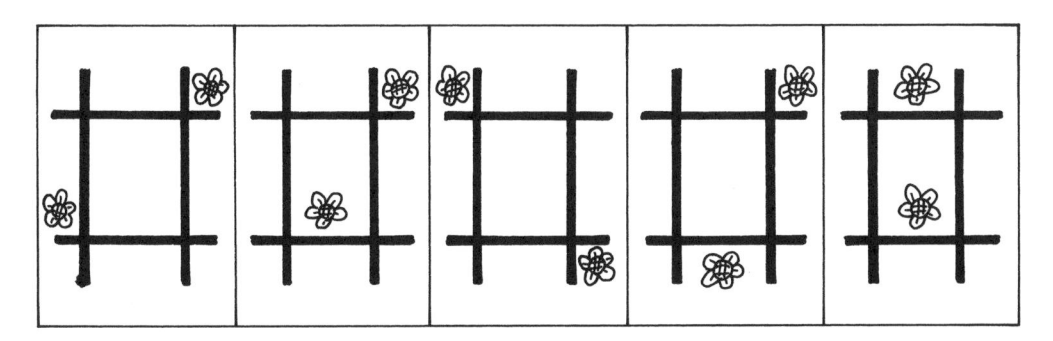

3. 大きな花と，小さな花の位置関係を考えながら置かせます。はじめは一つずつ示範しながら置くようにします。さらに二つ置いた示範物を見せてそれと同じ位置に置かせます。

4. 花だんの中のどの位置に花をうえたらよいか，よく位置をみきわめて，花を置かせます。基準になるものがはっきりしていないので，位置感覚を養う上では非常にむずかしい段階の学習でしょう。

生活への発展

・ 机のどちら側のひきだしに何がはいっていたかに気をつけさせます。
・ 置時計，花びん，人形など，いつもどの位置に置いてあったか記憶して，掃除の後に定位置にもどしておくようにしむけます。

とんとんしゅう

（右左・上下・前後がわかる）

ねらい

　私たちは日常，右，左ということばに対して反射的に動作ができますが，これは長い間の生活上の必要に応じて経験した結果，反応が早くなったものです。（これを，神経の伝導経路の単純化といいます）健常児は「はしを持つ方の手が右」といって右左を意識化させる場合もありますが，知的障害児には「はしを持つ方」→「右」といったように頭で理解したことを方向や動作に置き変えることはかえって困難のようです。

　そこで，
1. 右，左，ということばが方向を示すことばであることがわかる。
2. くり返し訓練することによって反射的に右，左，の手が出せるようになる。
3. 上，下，前，後などのことばに対しても正しい反応ができるようになる。

以上の学習が必要となるでしょう。

準備する物

- 「とんとんしゅう」の曲。

指　導

1. とんとんしゅうの曲にあわせて，リズムあそびをさせます。とんとんしゅうは4拍動作で，はじめの2拍は手を打ち，次の2拍で手を自由な方向にしゅうといって伸ばします。示範する者は，児童と向きあってやるので反対側の手をだすようにして鏡に面したようにして行ないます。この段階ではまだ「向かいあって右」というような指導をするとかえって混乱します。そこで児童の右手の方を右と条件づけた方がよいでしょう。
2. 同じ曲で，しゅうの部分を変えて，指導者はとんとん右とか，とんとん左とかうたって，児童に右，左の方向に手を伸ばさせます。はじめは右ばかりやったり，左ばかりやったりして，次第に4小節ごとに左にしたり右にしたりします。この段階を十分に経験させましょう。

かたち　第2期

3. 曲をつけないで,「とんとん―右」とか「とんとん―左」といって反応の早さを要求していきます。児童はとんとんの次の間に緊張をすることが興味づけとなっていきます。
4. 同じ曲でしゅうの部分を,上,下,前,後と変えて,いろいろな方向をからだで知るようにさせましょう。

生活への発展

- この遊びは,方向を知るだけでなく,手をぴんと伸ばしたり,曲げたりする機能訓練の役割も果たすことができます。
- 日常の生活の中で,たえず,右側を歩こうなどを,右,左の用語を用いるようにしましょう。

とんとんしゅう

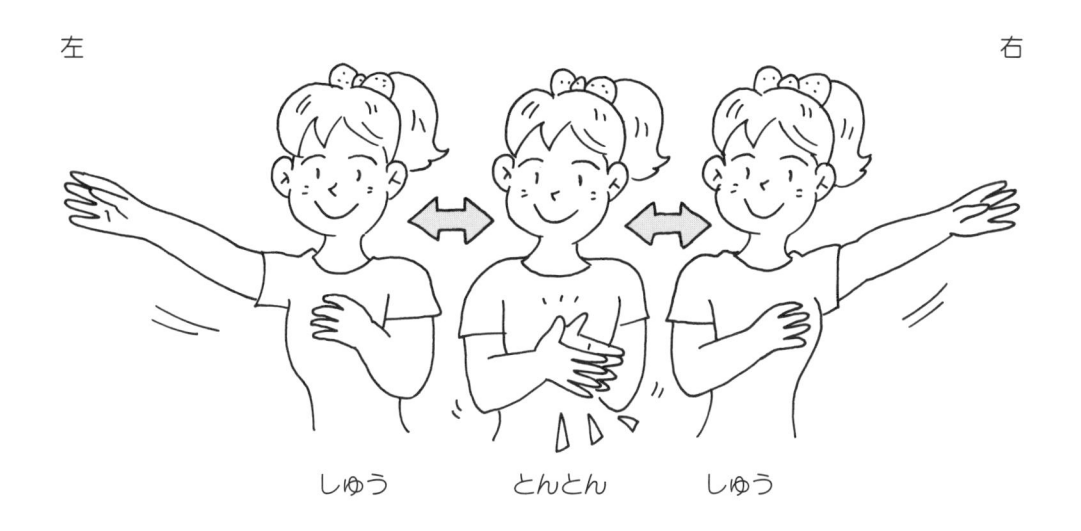

ひざをたたきましょう

(右左がわかる)

ねらい

1. 右, 左の指示に対して反応が一層早くなります。
2. いろいろな場面において右, 左の用い方を経験させる必要があります。

準備する物

- 「ひざをたたきましょう」の曲。

指　導

1. 「ひざをたたきましょう」の曲にあわせてリズムあそびをします。はじめの8拍は右ひざを8回軽くたたきます。次の8拍は左のひざを8回たたきます。次の4拍は4回ずつ, 右, 左, 交互にひざをたたきます。「こんどはどちらか○○」で両手をわきにおき, 次にくる「右」とか「左」とかの号令にあわせて, いわれた方のひざを早くたたき続けます。
2. 「ひざをたたきましょう」の部分を変えて, 「手をにぎりましょう」とか「胸をたたきましょう」とか「耳をさわりましょう」とかうたって, それにあわせて動作させます。やり方は「ひざをたたきましょう」と同じです。
3. さらに「ひざをたたきましょう」の部分を同じ曲を用いて, 身体からはなれた動作に変えて行ないます。たとえば「左の車をまわしましょう」といって左の手をぐるぐるまわすとか, 「右のひきだしをあけましょう」といって右手をひっぱる動作をするとか, 工夫してみてください。折にふれてくり返し行なうことがたいせつでしょう。
4. 今度は曲からはなれて, 自動車の運転をするまねをさせます。児童には, ハンドルを握るまねをさせ, 指導者は, 「ハンドルを右にきって」とか「ほうらこんどは左にきって, オーライ, オーライ」と指示します。児童は右, 左のことばに応じて身体ごと右へ, 左へ傾斜させたり, ハンドルを回すまねをするでしょう。
5. 音楽にあわせて行進させます。途中で「右」とか「左」とか, 号令をかけま

かたち　第2期

す。号令に従って「右」あるいは「左」にまがります。

生活への発展

- 「右のひきだしにありますよ」とか「左にまがって」とか，日常生活の中で折にふれて右，左のことばを使っていきましょう。

ひざをたたきましょう

みぎの　ひざを　たたきま　しょう

ひだりの　ひざを　たたきま　しょう

みぎ　みぎ　ひだり　ひだり

こんどは　どちらか　(右)(左)

右，左の合図で
行進をしながら
方向を変えられるように
しましょう

テープの綱ひき

(長短をくらべる 1)

ねらい

　長い短いをくらべるといってもことばの使われ方が漠然としていては，単に細長いものをくらべるといったことで終わってしまいます。長い短いを比較するには，対象となる二つのものを直接に辺や線の長さとしてくらべさせることから始めます。

1. 長い，短いという言葉になれ，長いものには，どのようなものがあるかがわかる。（対象となるもの）
2. はっきり差の認められる二直線の長さをくらべることができる。
3. あまり差のない二直線の一端をそろえて長さをくらべることができる。
4. 細長いものの長さくらべをするときに，どこを線として見てくらべたらよいかがわかる。

準備する物

- 60センチメートルくらいの紙テープの中央部付近に，切れ目を少し入れたものを用意します。（切れ目を入れておかないと指先で切れやすく，中央部付近では切れにくい）
- 紙テープの両はしに違った色をぬっておきます。これはそろえるところをはっきりさせることと，自分の側のテープを色で識別させておくためです。

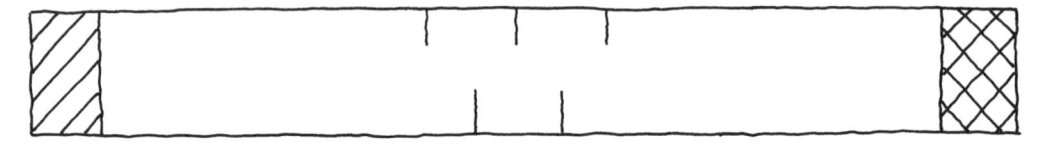

指　導

1. 長いものには，どんなものがあるかいわせます。板書しておいて長いものはどれかをいいあてさせてもよいでしょう。この場合，正確に比較するというよりも，児童が長いものをくらべようとする動機になればよいのです。たとえば「へび」と「なわとび」を比較しようとしても，これは無理であることはいう

かたち　第2期

までもありません。

2. テープの綱ひきをやることを告げ，ルールを知らせます。ルールはテープが切れたときに長い方を持っている方を勝ちとします。「1，2の3」でひきあってテープが切れたら，長さくらべをします。

3. テープの長さをくらべる方法は，なるべく児童たちに考えさせましょう。一目でわかるときには，あっさりと勝ち負けを決めますが，差があまりないときには2本を接近させて，一端をそろえてくらべることを指導します。

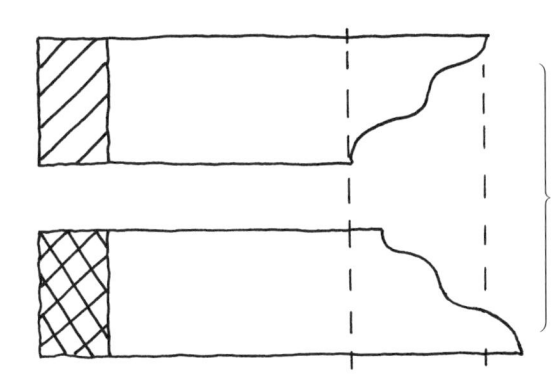

このような場合にはどの線をくらべるかを，初めに約束しておきましょう。

4. はしをそろえにくいもの，はしをそろえられないものの比較はこの段階では行ないません。またここでは，ものさしを用いることを無理に指導する必要もありません。

生活への発展

- へやかざりに用いる輪つなぎを作って長さのくらべっこをします。
- 長方形などの簡単な図形においては辺と辺との長さをくらべあうことができることを知らせます。
- 糸状のものは，伸ばして線分としてくらべるように指導します。
- つみ木を使ったり背くらべなどを通して高い低いの比較に発展させることもよいでしょう。

長いトンネル・短いトンネル

(長短をくらべる　2)

ねらい

　長い短いを相対的に，はっきりと理解させるためには，どうしても基準となるものが必要となります。この段階の児童に対して，ものさしや，仲介物の利用法を指導するのは，まだ困難のようですが，その前段階として，

1. 同じ長さの単位のものをつなげていくと，たくさんつなげたほど長くなることがわかる。
2. 一定の基準にもとづいて，より長い，より短いということばを理解できるようになる。

などの指導が必要でしょう。

準備する物

- 電車の絵カード……12両くらい，トンネルのカード。

指　導

1. 電車を5，6両ずつ連結させて，2組作り，どちらが長いかくらべさせます。車両の一端をそろえて長さくらべをして長短がはっきりした後，車両をかぞえてみます。対応によってどちらが長いかはっきりさせます。
2. 電車を一方に5両くらい，一方には6両くらいつなげておき，その上に前後部車両が少しのぞくようにしてトンネルをかぶせます。そしてどちらのトンネルが長いかを比較させます。目で見てあてた場合には，どうしてか理由をきくようにしましょう。車両の数を数えて車両の数の多少と長短の関係を知らせます。
3. いろいろな長さのトンネルについて，電車を入れないで長さくらべをします。長さをくらべる方法として，この場合，何両の電車がはいるか，トンネルの上に電車を並べてみます。電車の数が多く並んだトンネルほど長いトンネルであることを知らせます。

かたち　第2期

生活への発展

- つみ木を同数ずつ分けあって横に長くつなげる競争をさせます。「やめ」の合図でどちらが長くつなげたかをくらべあいます。

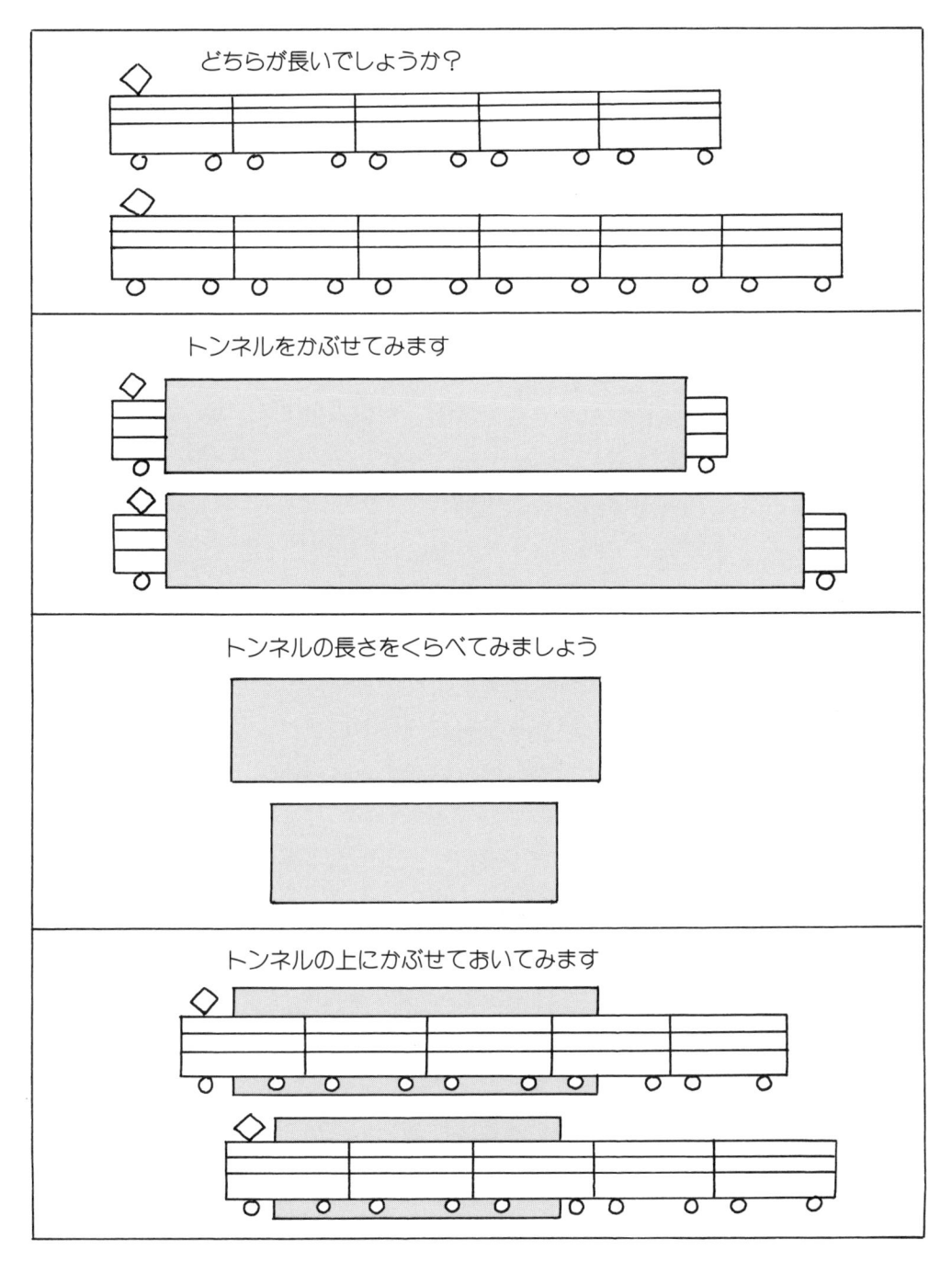

どちらが長いでしょうか？

トンネルをかぶせてみます

トンネルの長さをくらべてみましょう

トンネルの上にかぶせておいてみます

組み立てあそび (2)

(まる・三角・四角の特徴をとらえる)

ねらい

いろいろな物のおおよその形は，いくつかの基本図形の組み合わせでできているわけです。しかし知的障害児にとっては，全体を部分にわけたり，組み合わせたりすることが不得手のようです。そこで，

1. 基本図形の特徴をはっきりとらえることができる。
2. 基本図形を組み合わせていろいろな形を作ることができる。

準備する物

・ 具体物や基本図形を書いたカードや，子どもの人気アニメ等がのった印刷物を分解したもの。(図1)
・ まる・三角・四角等を切りぬいた色紙。(図2)

指 導

1. やり方は動物あわせと同じです。まず幾組かの分解された図形カードを組み合わせて，何ができるかを知らせます。それからよくカードをきって2，3人でわけます。児童はわけられたカードを自分の前に並べ，具体物や基本図形を完成させます。しかし2，3人でわけたのですから，当然不足のカードがあるはずです。それに気づかせます。
2. 完成しようとする図形のどの部分がたりないのかを知るためには，完成された時の形を予想しなければなりません。そこでどんな形を作るのかを意図させて，自分の持っているカードとの関係（大きさ，位置，つながり具合）を考えさせます。
3. 自分に不足しているカードを相手の中から見つけ出して，順番をきめて相手に請求します。請求されたら相手にあげなければなりません。
4. たくさんの完成図を作った者を勝ちとします。
5. 次に発展として，色紙で作られた〇△□の基本図形を組み合わせてはり絵をさせましょう。指導者が先にたって作ってみます。たとえば，自動車の部分の

かたち　第2期

一つ一つを○や△や□にみたてて,「タイヤは○だな」と言語化しながら行なうようにします。形を描くことができない児童でも,楽しく作ることによって,形を揃えたり,選んだり,構成したりできるようになります。

生活への発展

・　つみ木あそびを通してねらいを達成することもできます。

図1

図2

点つなぎ

(三角・四角のなぞり描き)

ねらい

いろいろな形が描けるようになるための方法として、なぞり描きをさせます。ここでは直線がひけるようになった児童に対して、直線図形について、

1. 角があることを意識しながら描くようになる。
2. いろいろな図形の名称を理解する。
3. 角や辺に気をつけながら描くことができる。

準備する物

- サンドペーパーを用いた運筆用紙（図1），型盤（図2），プリント（図3，図4）

指　導

1. サンドペーパーのはってない部分を道路にみたてて、人さし指で三角や四角の形をなぞらせますが、なぞる部分は指の太さに応じて幅をきめますと、指が形からはみ出したときは、サンドペーパーのざらっとした不快感があるので、自然に形にそって指を動かすようになります。
2. 紙の上に型盤を置き、鉛筆で型盤にそって描かせます。型盤は中がくりぬいてあるので、辺を意識しないとかどがとれたり、形がくずれたりしやすく、なかなかむずかしいものです。型盤を動かしていろいろな位置に描かせたり重ねて描かせたりし

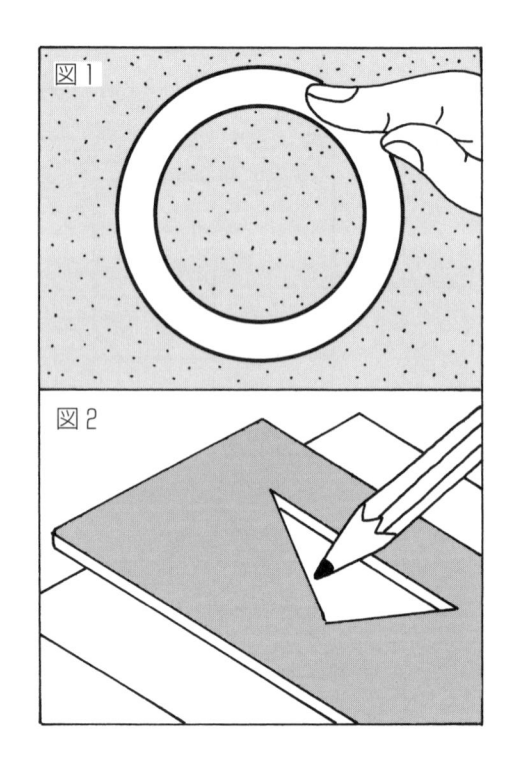

かたち　第 2 期

ますとおもしろい模様ができるでしょう。この時，形の名称を指導すると同時に，「かど」ということばも指導しておきます。

図3

3. 図3のプリントを用いて点つなぎをさせます。点の位置はかどにあたる部分だけとし，点から点へ直線をひくことによって図形を描かせます。一点から出て一点へもどる運筆ではなく上から下，左から右といった運筆のさせ方の方が容易でしょう。

4. 点の数は多いほど，連続の関係を見分けるのがむずかしいものです。そこで図4のプリントのように点をふやしていって点をなぞらせます。基本図形を用いて簡単な絵になるように工夫して「何が描けるか」といった興味をほりおこしていきましょう。

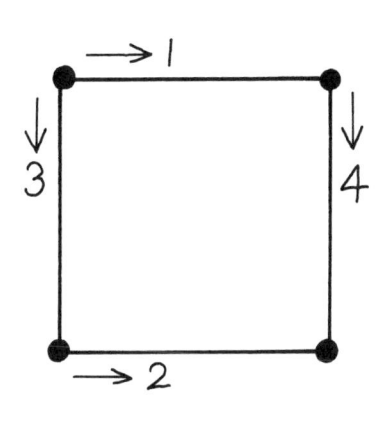

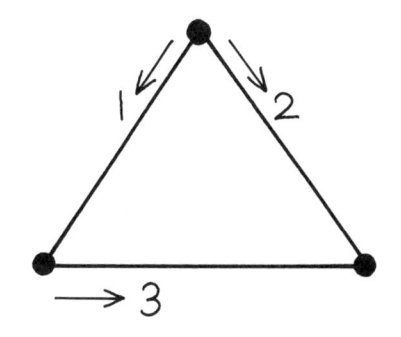

生活への発展

・　横断歩道の線を意識して渡るようにします。
・　ぞうきんがけの折に板目を意識させ，板目にそってふくようにします。

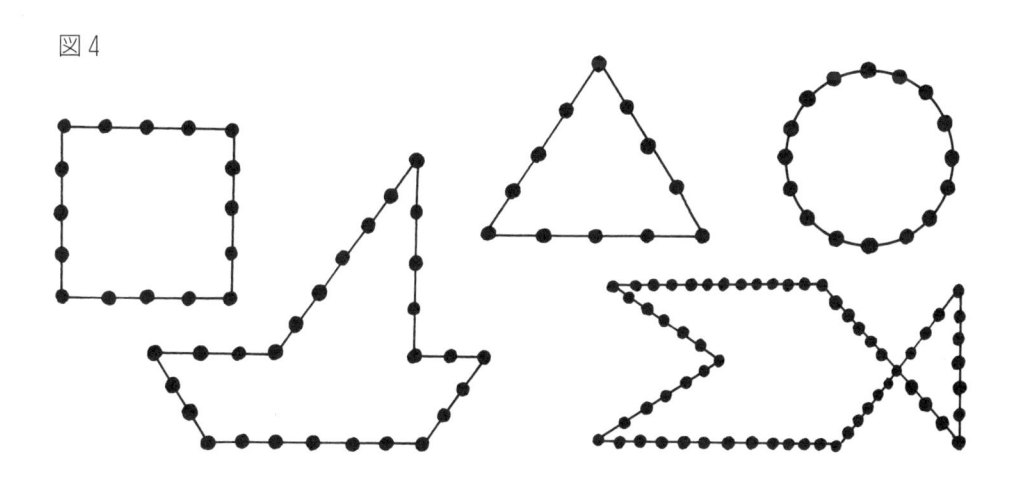

図4

でんでんむし

(うずまきを描く)

ねらい

　文字が正しく書けるようになるためには,上腕から左右上下に自由に動かせるばかりでなく,手首の動きが重要となります。さらに指先の動き,力の入れ具合など基礎的な運筆の練習をしましょう。

1. 手首の回旋がなめらかにできる。(右回旋,左回旋)
2. 指先の力を加減しながらうずまきを描くことができる。

準備する物

- うずまきの型盤(別図),色画用紙,筆記用具,でんでんむしの曲,模造紙。

指　導

1. 実物のでんでんむしを見せながら,児童とともに,でんでんむしの歌をうたいます。実物がなければ,絵を見せて説明してあげます。
2. でんでんむしの歌にあわせて,空中にうずまきを描かせます。指導者は左回旋を行ない,それにあわせて,児童には右回旋をさせます。右回旋がスムーズにできるようになったら,左回旋をさせます。リズミカルな運動の楽しさを利用して,黒板に描かせるのもよいでしょう。
3. 型盤を利用して,筆記具を使わせてうずまきを描かせます。筆記具の持ち方や力の入れ具合が適当でないとうまく描けません。色鉛筆を用いたり,細い色フェルトペン等を使って自由な位置に描かせますと美しいもようができ,児童も楽しみながら描けるでしょう。
4. 型盤を用いないで,色画用紙に,クレヨンか,フェルトペンで,でんでんむしを描かせます。小さいでんでんむし,大きいでんでんむし,色のちがったでんでんむしなど自由に描かせましょう。
5. 模造紙に,色紙であじさいの花などをはっておきます。4でつくったでんでんむしを切りとって,好きな場所にはらせましょう。

かたち　第2期

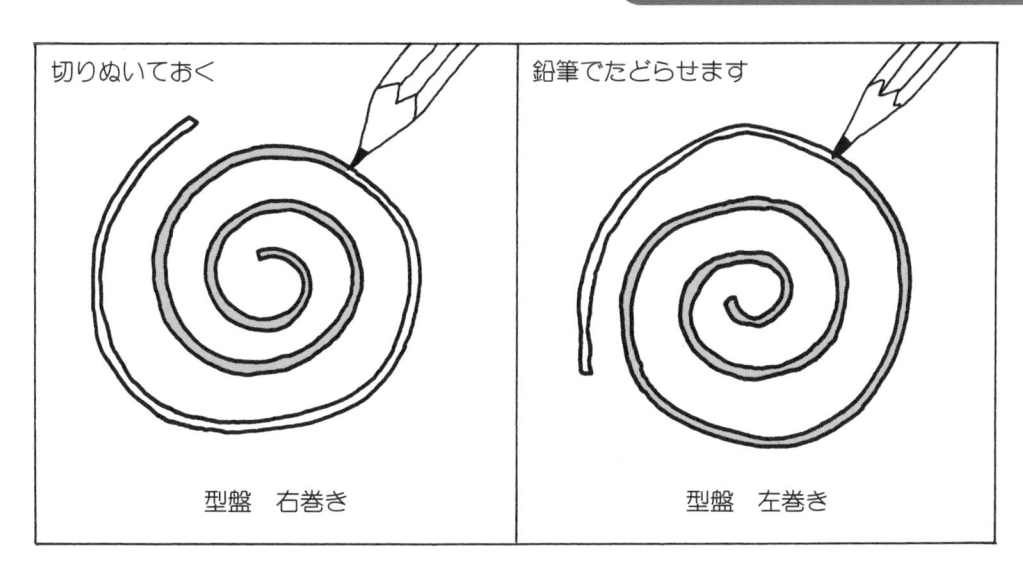

切りぬいておく　　　　　　　　　鉛筆でたどらせます

型盤　右巻き　　　　　　　　　　型盤　左巻き

生活への発展

- うずまき運動は次のような生活場面で応用させていきましょう。
    卵をかきまわす。
    紅茶に砂糖を入れてかきまわす。
    納豆をかきまぜる。
    クリームをホイップする。

まがった道

(波形を描く)

ねらい

手首の運動がうまくできるようになった児童には，指先を細かに動かしながらペンを進めていくことができるようにします。

1. 指先で波状の運動ができる。
2. 波形を意識しながら指先を動かせる。
3. 筆記具を用いて，線を切らず波形を描くことができる。

準備する物

- 型盤プリント用紙……(1)なぞり描き，(2)迷路式，(3)平行線だけのもの。

指　導

1. 山の絵が描いてある型盤を用いて児童に山登りをさせます。山の稜線にそって細い切りこみ溝を入れた型盤ですので，型盤に鉛筆の先を入れて溝にそって鉛筆を進めさえすれば自然に波形の運動ができます。「山に登った。おりた」とことばをそえることによって，少しずつ波形を意識させていきましょう。(図1)
2. 溝になっていない山形型盤を用いて波形を描かせます。(図2)
3. 波形の部分を点線で描いておき，点線をなぞらせることによって絵画完成を行なわせます。いろいろな波形の練習をさせましょう。(図3)
4. 童話の主人公にならせて迷路あそびをさせます。(図4)
5. 2本の平行線をひいておき，その間に波形を描かせます。(図5)

生活への発展

- わつなぎを作って教室を飾るという活動の中で，児童に波形に気づかせます。波形のもつ曲線のリズムやくり返しの美しさを知らせます。

かたち　第2期

図1

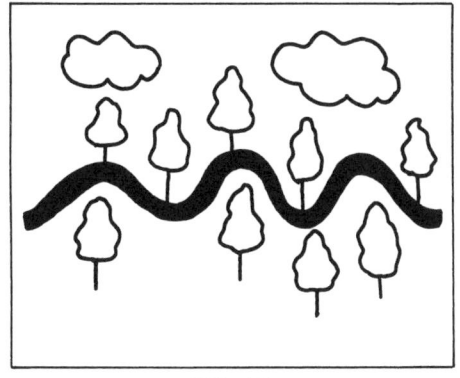

<厚い紙>

図2

<厚い紙>

図3

<薄い紙>

<薄い紙>

図4

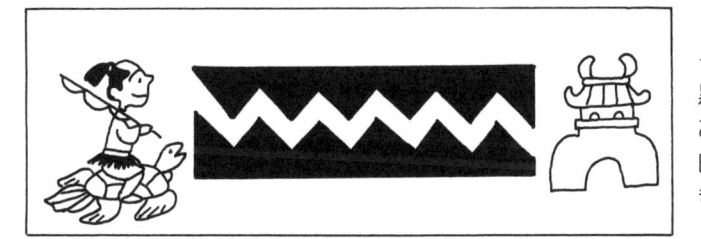

<厚い紙>
黒いところは，切りぬいてある部分です
白い部分を波状で書いていきます

図5

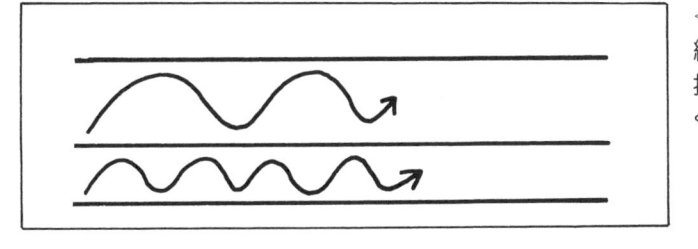

<薄い紙>
線分の中に，いくつ波を描くことができたかを，くらべてみましょう

橋 を わ た ろ う

（螺旋を描く）

ねらい

ひらがなを書く前の段階として♂のような線の交差の訓練が必要です。知的障害児の中には，ひらがながかなり書けるようになっても，「8」や「み」を書くことがむずかしい子がいます。これは交差された線のつながりが理解しにくいからと思われます。

1. ♀や♂のつながり方がわかる。
2. ♂♂♂右巻き螺旋の連続が描けるようになる。
3. 左巻き螺旋が描けるようになる。

準備する物

- プリント用紙。（別図）

指　導

1. 図1を指先でなぞらせます。
2. 図1のプリントを指でなぞることができる児童でも，筆記具を使って描かせると多くの場合AやBのような誤りをしやすいものです。そこで別図プリントの2を用いて交差のしかたを練習します。ここを十分に行なわないで連続描きをさせると抵抗が大きくなります。
3. 同じようにして左巻きについて交差1回のやり方を十分に練習します。
4. 交差2回について（指先でなぞる→筆記具で描く）を先と同じようにやります。右巻き左巻きについて行ないます。
5. 橋を通ってうすく描かれた実線の上をなぞり描きさせます。（図2）
6. 点線の上をなぞり描きさせます。（図3）

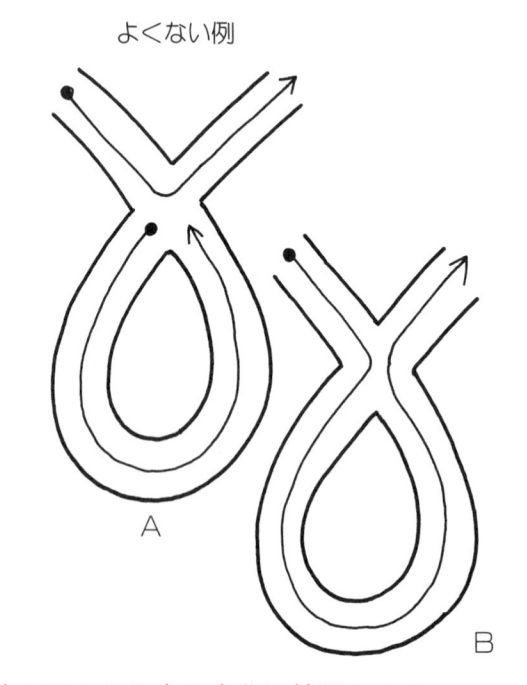

かたち　第2期

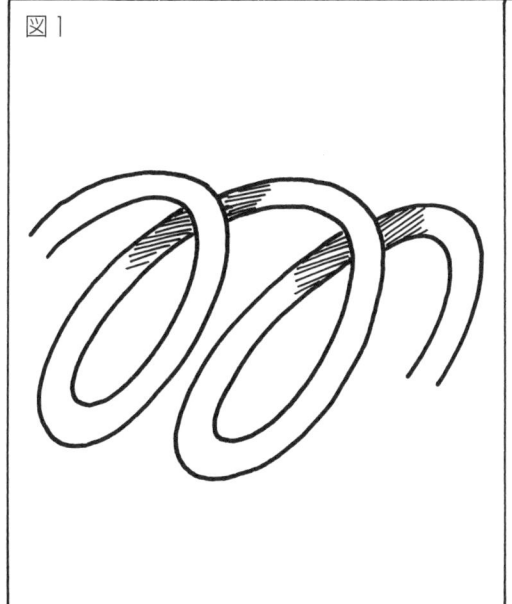

図1

交差する箇所のつながりをはっきりさせるために色でわけます。初めは児童の手を持っていってもよいでしょう。

図2

児童の筆記具の先を自動車にさせて「ここから発車。ぐるりとまわって橋をわたります」とことばをそえて，交差のしかたをはっきり理解させます

図3

生活への発展

- ひも結びの練習を通して交差している所のつながり方を理解させます。
- なわとびのなわを使って「いくつの輪ができるか」競い合います。
- お皿をまわしながらふきんでふかせ，手首の回転をはかります。

ガラス絵・砂絵

(描くことへの興味をもつ)

ねらい

　　直線や円やうず巻き，波形，螺旋などが描けるようになった児童に対して，それらを組み合わせて描かせます。しかし児童が自由に楽しく描くには，いろいろな教材や方法を用意して，多くの経験を積ませることが必要でしょう。

1. いろいろな形を描くことに興味をもたせる。
2. いろいろな形を組み合わせて描くようになる。

準備する物

- 児童が操作することが簡単で，指先の感触を楽しみながら描けるような教材として次のようなものがあります。しかも失敗してもすぐに消すことができ，一つの教材をくり返し使用できます。指絵，砂絵，ガラス絵(右ページ参照)。

指　導

1. 「これから勉強する」といった構えをしないで，ごく自然な雰囲気の中で描く機会を作ってあげることが大切です。児童と何気なく砂いじりをしながら字を描いてみたり，ガラス窓に息を吹きかけて，絵を描いてみたりしながら，「こんな方法もあるのだ」ということを児童自身に気づかせます。楽しんで描いているときには，自由に好きなものを描かせて遊ばせます。
2. 用意された教材を用いて，示範された図を模倣して描かせます。初めは「これはなあんだ」といいながら，簡単な図形を描き，答えを求めます。それから，それを見せながら児童にも描かせます。たとえば，「りんご」「自動車」「ぶどう」「テレビ」「さかな」などは，形も簡単でしかも特徴的な絵として描きやすいでしょう。
3. ごく簡単な○とか×とかを描いて，児童に記憶させます。示範した絵を消して児童に記憶をたどらせて描かせます。このように指導に変化をつけていくことによって興味を深めていきましょう。

かたち　第2期

指　絵

水彩絵の具に工作用ののりをまぜてのり絵の具を作ります。画用紙に適当なだけとらせ，ぬりたくりをさせます。さらにその上を指で自由に描かせますと，描いた部分の絵の具がとれて白い線となって現われます。

砂　絵

おぼんに乾いた砂を入れて平らにしておきます。指先で自由に描いても，おぼんのへりをたたくと，すぐに消えます。

ガラス絵

ガラスに息をふきかけてくもらせ，指先で好きなことを描きます。おふろ場のガラスに描いてもよいでしょう。寒い夜などに窓ガラスに描くこともあるでしょう。

何といったらいいか

(思ったことが話せる)

ねらい

知的障害児の中には欲求を訴えることやことばによる意思の疎通がうまくいかないために，問題をおこしたり，欲求不満になることがしばしばあります。コミュニケーションの指導は日常生活の中で機会をとらえて次のような点を指導する必要があるでしょう。

1. どのような場合に自分の意思を相手に伝えるべきかがわかる。
2. だれに何といって訴えたらよいかがわかる。
3. 自分の思ったことをのびのびといえる。

指導場面

- 砂場あそびの中で用具を貸し借りするときに，だまって持っていったりしないよう，返すときには借りた相手に礼をのべて返すようにしつけます。だまって見ている児童には，遊びに参加するときのことばも指導しましょう。
- 電話ごっこを通して，あいさつ，うかがいのことばなども指導できます。「はい」「いいえ」といった意思表示の基本を学習する場ともなります。
- ままごとは意思交換の学習のよい機会となります。家族の人のことばや動作が模範となりますので，ふだん家族の人たちは児童の前でなるべく心に思ったことを動作や言語にするようにしましょう。たとえばだまっていてもすむようなことでも，「きょうはあついね。あついから水をくださいな」というようにします。日常生活の中で成人がことばをなげかけたり，動作をしたりすることで，それをままごとあそびの中で模倣させていきます。
- 買い物ごっこも意思表示が中心となった遊びです。実際の買い物場面で思ったことがいえるようになれば申し分ありません。

指導事項

1. 欲求をことばで表現できないために行動に移せなかったり，またかえって直接行動に及んだりして，仲間とうまくいかない場面があります。たとえば，仲間

ことば　第2期

にいれてほしい，食べたい，見たい，ねむい，借りたい，といったことばを抵抗なくいえるようにしたいものです。中には排泄の欲求すら告げることができず，便所がわからないときにはついに失敗をしてしまうといった例もあります。

2. 苦痛や快感を訴えることができない児童があります。場合によっては病気を発見することがおくれたり，病気を重くしてしまいます。からだの部分の名称や，痛い，気分が悪い，熱い，寒い，など感覚を表現することばを指導する必要があります。

3. 何となく仲間に強制されてやったあとで，思わぬ事故のもととなる場合があります。いやだ，できない，あとで，など拒否すべきときのことばも指導して，自分の意思に基づいた行動ができるようにしむけます。

4. だまって持ち出したり，だまってどこかへいったりしたために他の人に迷惑を及ぼすことがあります。自分だけ承知していないで「○○の場合は○○をしてもよいですか」というように場合をきめてうかがいをたてる習慣をつけておきましょう。

5. 結果を報告することも大切です。なくした，ころんだ，やった，などがその例です。

指　導

たとえば「もらしちゃった」というようなことばの指導は，一定時間内ですませるといった形式ではなくて，その機会をとらえては毎日指導することが大切です。そして習慣化していきましょう。

指導にあたっては，児童の心情をくみとって児童の心を開かせることが大切です。内にあることばを外へ出せない児童もあるのです。初めは，完全な表現のしかた（主述をはっきりさせた）でなくてもいい直しをさせないで，了解してあげましょう。

この期の児童では一語文形式でも意思が伝わればよしとしましょう。

まちがえたらズドン

（音を聞きわける　1）

ねらい

　知的障害児には，ことばがうまくしゃべれなかったり，幼児語が残っていたりすることが，健常児にくらべて多いといわれています。この中で構音障害といわれるものは，小さな時から耳を訓練することによって大部分とり除かれるようです。耳を訓練するためには，

1. 混同しやすい音（たとえばサ行とタ行，チャ行，ラ行とダ行，ア行など）を聞きわけることができる。
2. 正しい発音をよく聞きとめておく。

　このようなことが大切になります。

準備する物

- 混同しやすい音が含まれたことばを表わした絵カードを用意します。たとえばサ行ですと，かさ，さかな，おさら，あし，すずめ，ふうせん，すいか，などがあります。ラ行，ハ行，も用意しましょう。このカードは，たて長つみ木や空箱にはれるように作ります。

指　導

1. 遊びのルールを説明します。絵カードのはられたつみ木を5個くらい並べて児童の前に置きます。指導者は初めに正しい構音で，絵カードにはられた物を端から順に指さしながらいいます。次に，児童の指先を鉄砲にみたてさせて，「まちがえていったらズドンといって，つみ木を倒しましょう」と約束します。
2. 「さあ，いいますから，よくねらって」と聞くことに注意を集中させます。端から順に正しい構音と，正しくない構音をまぜていいます。正しくない構音のときにも倒さない場合には正しい構音とを交互にくり返していってその違いに気づかせましょう。たとえば，すずめの絵カードに対して，すずめ，すすめ，ちゅじゅめ，しゅずめ，などいろいろないい方をします。
3. 正しくないものを聞きわけて反応することは，正しいものがはっきりしてい

ことば　第 2 期

ないとできにくいものです。しかし聞きとることが正しく行なえても，すぐに正しい構音で話せるようにはなりません。あくまでもこれからの言語の発達への準備のための学習ですから発音の訓練を急いではなりません。

できるだけ
箱の上の方をついて
倒すようにしましょう

ちがうときにはピッ

（音を聞きわける　２）

ねらい

　　混同しやすい音については先にふれましたが，これらの音に意識を集中して聞きとらせることも必要と思われます。
1.　サ行の音に気をつけて聞きとる。
2.　ハ行の音に気をつけて聞きとる。
3.　ラ行の音に気をつけて聞きとる。

準備する物

- ホイッスルまたは手旗のようなもの。サ行，ハ行，ラ行のひらがなカード。

指　導

1.　遊び方のルールを説明します。ひらがなカードを示し，その音をいいます。たとえば「さ」の場合ですと，さのカードを示し「これはさです。さのつくことばにはどんなのがあるかな。これからさのつくことばをいいますよ。だけどさのつかないことばもいいますから，みんなはさでないときには，ホイッスルをピッとふいてください」と約束します。さのカードを示すことは読ませるためでなくさの音を一音として聞きとらせるためです。
2.　さのつくことばと混同しやすいたやちゃのつくことばをまぜていいます。たとえば，「さんかく」「さくら」「さる」「たんす」といっていき，「たんす」といったあと，ホイッスルを「ピッ」とふかせるわけです。「たんす」ということばとしてあるわけですから，「さ」と「た」の違いにのみ気をつけていないとまちがえやすいのです。その意味で先の「まちがえたらズドン」よりはむずかしいでしょう。「さかな」「さいふ」「ちゃだんす」と続けていきます。
3.　同じようにして，ハ行，ラ行についても行ないます。初めは，注意を集中する音が一番頭にくるようなことばを選びましょう。またなれてくるに従って，テンポを早めていきます。
4.　児童をおまわりさんにして，腕章などをつけさせたり，ホイッスルのかわり

に手旗を持たせて行なうと一層興味をもって遊びます。

生活への発展

- ここでは，一音一音のちがいを知る耳の訓練をねらったものですが，頭文字を意識するようになると「○のつくことば」といった，ことばあつめへと発展するでしょう。

ホイッスルをふいたり，手旗をあげたり
手をうったりして
合図をします

ことばあつめ (2)

(文字を読む 1)

ねらい

ことばを一音一音に分解したり，音を構成してことばにすることは，かなりの抽象性を有することで，知的障害児にとってむずかしいことなのです。しかし語いをふやすためにも，一文字に一音を結びつけて読んだり書いたりできることの準備のためにも，この過程は経なければなりません。

1. 多くの書きことばで表わされた文字の中から同じ文字を見分けることができる。
2. 書きことばで表わされた文字の中からいわれた文字を見出せる。
3. 書きことばで表わされた文字を一文字ごとに区切って読めるようになる。

準備する物

- かるたの絵札のように，絵の肩に頭文字を書いたカードを用意します。同一頭文字で構成されたことばは5枚くらいあった方がよいでしょう。
- 頭文字のみを書いたカード。

指 導

1. 絵入りカードをばらばらに並べておき，かるたとりをさせます。そうすることによって頭文字と絵との結びつきをさせておきましょう。読み方は「かめのか」「とけいのと」というように読みます。
2. とったカードの頭文字をいっしょに読んでみます。
3. 絵札を肩に書かれた文字によってわけてみます。このとき，頭文字のみを書いたカードを示し，「こういう字を書いたカードをとりなさい」といってとらせます。
4. とったカードを集めて「かめのか」「からすのか」「かきのか」「かめらのか」「かさのか」と読みます。次に頭文字カードを見せ，絵カードの肩文字が共通した音である「か」であることを理解させます。
5. 同じように，いろいろな頭文字について行ないます。

ことば　第 2 期

6. 再び絵カードを全部ばらばらに置き,頭文字にあたる音だけをいってとらせます。たとえば「か」といったら,「かめ,からす,かき,かめら,かさ」のどの札をとってもよいわけです。一音だけいうわけですから,音と文字との結びつきができているか,絵札の頭の音が理解できていないととれません。

7. 頭文字のみを書いたカードを見せいっしょに読みます。たとえば「か」と読んで,頭文字カードを見せ「かのつくものなんだろう」といわせます。共通の頭文字をもったことばをあつめさせます。

8. 「ちがうときにはピッ」「しりとりあそび」へ発展していきます。この三つの遊びは,相互に補いあう関係で行なってください。

頭文字だけで
カードをとらない
ように,
いくつも用意
しておきます

あたま・おなか・おしり

（文字を読む　2）

ねらい

　　ことばとしてのまとまった文字を把握できるようになっても，ひらがなが読めるようになったわけではありません。記号や絵を理解したのと同じことなのです。たとえば知的障害児に「あ」という文字を読ませますと「あひる」といったり，「あひるのあ」といったりすることが，かなり長い間続くことがあります。そこで，三音で構成されたことばの学習を通して，

1.　ことばは一音一音の構成でできていることがわかる。
2.　ひらがなは一文字一音で表わされていることがわかる。
3.　ひらがな文字を組み立ててことばを構成することができる。
　　このようなことをわからせます。

準備する物

・　厚手の紙に人形の絵を描き，あたま，おなか，おしりの部分をまるく切りぬいておきます（別図Ⓐ）。そして，切りぬいた部分のうしろ側にひらがなカードⒸをさしこめるようにしておきます。
・　あたま，おなか，おしりの部分へさしこむカードⒷ。自由にひきぬけるように，長さ，幅を考えて作ってください。

指　導

1.　人形の部分（あたま，おなか，おしり）に気づかせ，そこに書いてあるひらがなを読ませます。このとき指導者は一文字一文字に指をさしながら，リズミカルに読んでいきます。
2.　あたまの字，おなかの字，おしりの字を意識させます。たとえば「みかん」の場合，「あたまの字はこれ」と指さして，あたまの字を読ませます。読めないときには，再び指さしながら，「みかん」とくり返しては「この字は？」と聞き，あたまの字が「み」であることを理解させましょう。おなかの字，おしりの字についても同じようにします。なれてくるに従って，指をささないで，「あ

ことば　第2期

たまの字」がわかるようにしましょう。

3. おしりの字をぬいておきます。たとえば「みかん」の場合,「みか○」としておき,「あたまの字は？」「おなかの字は？」と読んでいき,おしりの字をあてさせます。あたったら,これへ文字をいれます。2までで学習したことばで行なった方が容易でしょう。

4. おなかの字をぬいておきます。あたまの字をいっしょに読んで,ぬいたところは絵をたたくようにして,間をおき,おしりの字を読みます。そしておなかの字をあてます。あたったらおなかへ文字を入れます。おなかの字をあてるのがむずかしい児童には,完成されたことばに対するヒントを与えておくことも必要でしょう。

5. あたまの字をぬいておきます。完成されたことばに対するヒントを与えておく必要があるでしょう。やり方は3,4と同じです。

6. あたまの字だけを入れておき,おなかの字,おしりの字を児童に選ばせてことばを完成させます。できあがったことばはいっしょに声を出して読むようにしましょう。

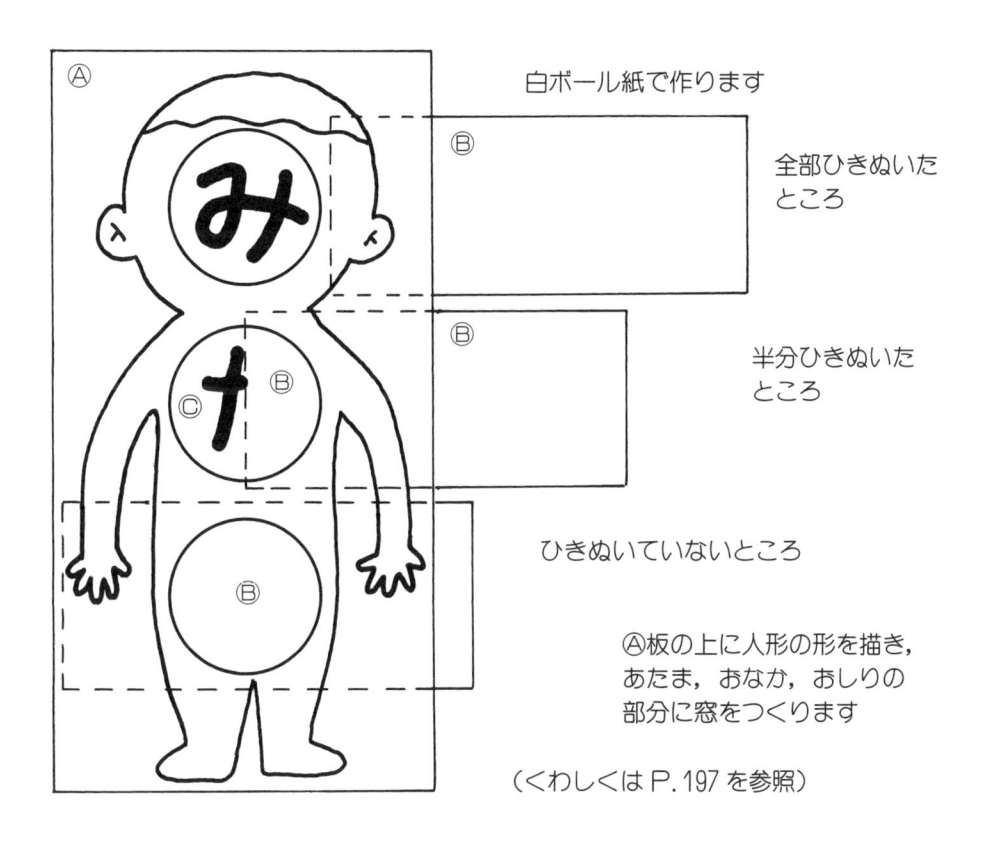

白ボール紙で作ります

全部ひきぬいたところ

半分ひきぬいたところ

ひきぬいていないところ

Ⓐ板の上に人形の形を描き,あたま,おなか,おしりの部分に窓をつくります

（くわしくはP.197を参照）

せ な か の 字

(筆順に気づく)

ねらい

　ひらがなが少しずつ読めるようになるとやたらに字を読みたがるようになります。そして「この字は？」と聞いてくるようなこともあります。このときが指導するよい機会です。字を読むことへの興味をますます広げていくと同時に「読める」という自信をつけてあげましょう。

1. 読もうとする意欲が強くなる。
2. 一文字ずつのひろい読みになれてくる。
3. 筆順にも少しずつ気づいてくる。

準備する物

- 片面だけ写すことのできるカーボン紙，用紙，割りばし。

指　導

1. 　2枚の紙の間にカーボン紙をはさんでおきます。指導者は児童に「これから割りばしで字を書くから読むんだよ」といってゆっくり書きます。児童が読むことができたら「すごい。見えないのに読めた」といってほめてあげます。児童は自分があたかも大困難をのりこえたかのように得意になります。カーボン紙によって文字が写った下の紙を見せて，児童の応答が正しかったことを確認します。この時書く文字は，児童にとって今までの学習によって十分読めることのできるようになった文字に限ります。
2. 　カーボン紙あそびを何度も行なったあとに，こんどは机の上に指で書き，読ませます。このときは文字の形が残らないので，指導者は筆順をはっきり意識できるようにことばをそえてやります。たとえば「り」の場合は「い」と混同しやすいので「上からずうっとおろしてきて，また上へもどって下の方へ書くよ。こちらの方がすうっと長いんだよ」というようにいってやります。場合によっては二，三度書いてやったり，児童の手を持って書かせてやることも必要でしょう。

ことば　第 2 期

3. 指導者はことばをそえながら，ガラスや空中に指で書いていきます。児童にもいっしょに書かせることによって筆順の練習をします。児童は文字をあてたい一心で空中文字を模倣することになります。
4. 児童のてのひらや背中に指で書いて触覚によってあてさせます。てのひらの場合は書く人の手の動きが見えますが，背中の場合はまったく触覚に頼るだけですからかなりむずかしくなるでしょう。このようにして読むことから「書きたい」という意欲の方へむけていきます。書くことができれば出題者になれるわけです。しかし中にはくすぐったがる児童もいますので強制になってはいけません。

生活への発展

- おふろの中や寝床の中でのあそびにしたらどうでしょうか。

せなかに書いたり
手のひらに書いたり
してみましょう

きったりあわせたり
(文字を組み合わせてことばにする)

ねらい

　ひらがなを一文字一音で読めるようになると，音を追って読むことはできても，語としてまとまった読み方ができなくなる時期があります。その結果，意味が通じなくなりますが，これも過渡期の現象としてしかたがないでしょう。そこで早く語として読めるようにするためにも，また書きことばの準備のためにも，次のような学習が必要になると思われます。

1. ことばをいくつかの音や文字に分節することができる。
2. ひらがな文字を組み合わせて簡単なことばを構成することができる。

準備する物

- 二音および三音で構成されたことばをひらがなで書いたカード。これは後で切りはなすことができるようにします。
- 上のことばを表わす絵カード。

指　導

1. 絵カードを見せてその絵が何の絵であるかいわせます。初めは二音で構成された物のなまえ（たとえば，ねこ，いす，かさのような）がよいでしょう。次にことばを書いた文字カードを5枚くらい並べて，その中から今見せた絵カードを示す文字カードを選ばせます。このようにして各絵カードと文字カードの組み合わせを作っていきます。絵カードは1枚ずつ示すようにして，文字カードの方を選ばせるようにします。従って文字カードは1枚選ばれてとったあと1枚補充していくようにします。
2. 絵カードと文字カードの組み合わせができたら，その1組をとりだして，文字カードの方を一文字ごとに切りはなします。これはできれば指導者は切るところに線をひいてやり，見通しをもたせながら児童に切らせた方がよいでしょう。うまく切れない児童に対しては指導者が切ってあげましょう。
3. 一文字ごとに切りはなした文字カードの順序をばらばらにして，絵カードの

ことば　第2期

下へ元のような順序に並べさせます。並べるときには一音一音声を出して読みながら並べ，並べたあとも必ず語として読ませるようにします。

4. 以上のことを幾組かについて行なったあと，5組くらいを切りはなした文字カードを任意の順序で置いておきます。つまり5組のことばを構成できるだけの文字カードをまぜて，ばらばらに置くわけです。構成されることばを表わした絵カードを見せて，何であるかをいわせ，指導者は一文字ごとにゆっくりいい直してやり，文字を選ばせます。選んだカードを順序に従って構成させます。構成させたあと，声を立てて読ませますと，思ったとおり構成できたときは非常に喜ぶものです。

5. 4と同じやり方ですが，指導者は読んでやらずに絵カードだけを見せて構成させます。絵カードは次第に一度に呈示する枚数を多くします。

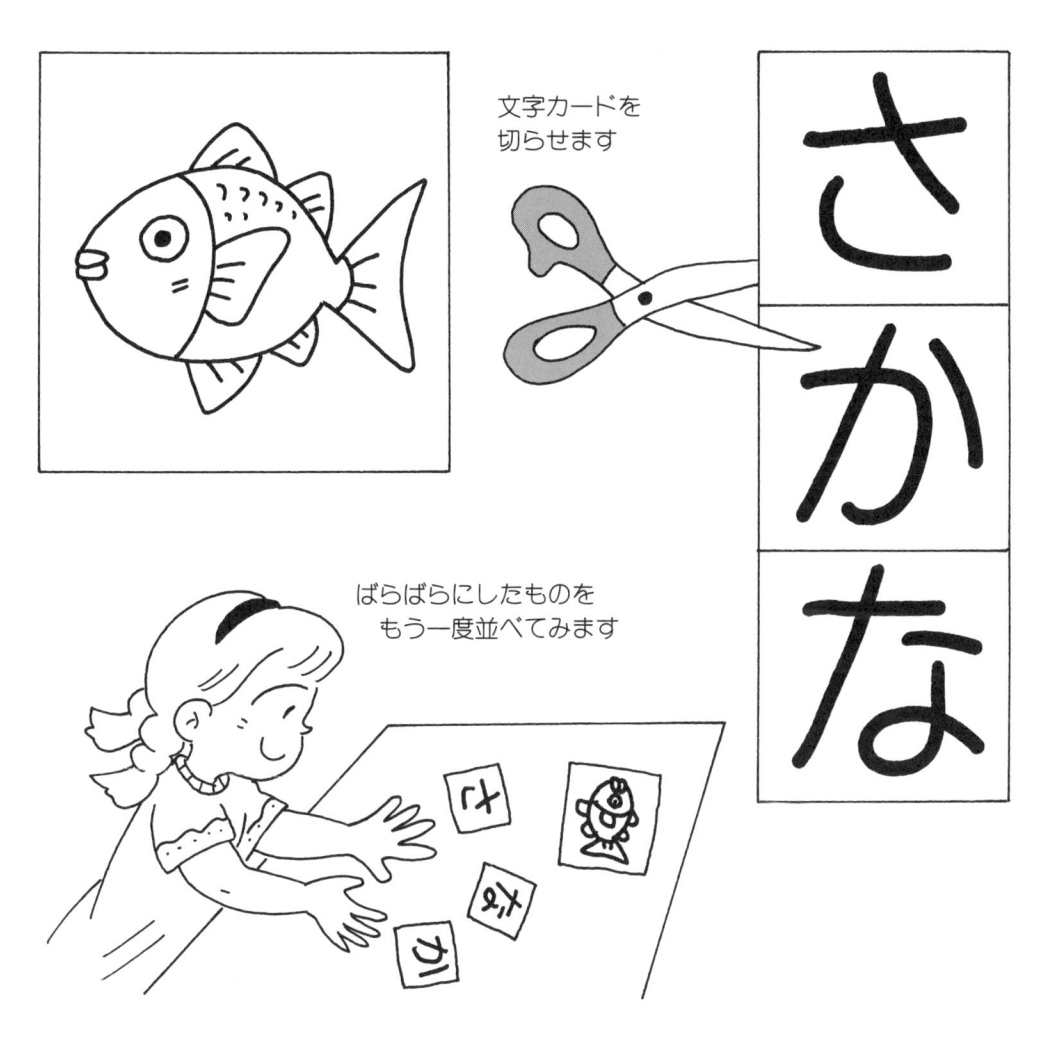

文字カードを
切らせます

ばらばらにしたものを
もう一度並べてみます

ストップあそび

（文字を並べて単語を綴る）

ねらい

　　ひらがなが一文字ずつ読めるようになった児童に，文字を使って短いことばを表わすことができるようにするには，
1．ことばを音に分けて聞きとり，音の順序がわかる。
2．音の順序に従って文字を選ぶことができる。
3．選んだ文字を組み立てて，短いことばを綴ることができる。
このような順序を追った学習をさせます。

準備する物

・　ひきぬき盤……三〜四音くらいのことばを綴ることができるようにしておきます。絵カードおよび文字カード。

指　導

1．ひきぬき盤の一番上の窓に，ひきぬきカードの絵を一つずつ出していき，その名称をいわせます。初めは二音で構成されたことばを表わすものがよいでしょう。児童はひきぬき盤の窓に，次々と絵が現われてくることに興味を示します。
2．絵を止めたところで，その名称をゆっくりいわせます。たとえば「とり」の場合には「とー，りー」とのばしながら発音し，一音一音に気づかせます。
3．ひきぬき盤の2番目と3番目の窓へいろいろなひらがなが出てくることを知らせ，一番上の窓にある絵に合ったことばを，文字で綴っていくことを約束します。
4．たとえば「とり」の絵に対しては，上の音が「と」であることを意識させ，2番目の窓には「と」という文字を入れることに気づかせます。1の絵を出したときと同じように，ひらがなを一文字ずつ出していき，「と」が出たら児童に「ストップ」と合図させます。「ストップ」が出たらタイミングよく止めなければなりません。次に3番目の窓に入れる文字を考えさせ「り」であることに気

ことば　第 2 期

づいたら同じようにひきぬきカードを動かします。

5. 「ストップ」の合図で 3 番目の窓にも文字がはいったら，続けて読ませてみます。「ストップ」のタイミングが悪いと意外なことばになってしまい，絵と合わなくなり大笑いとなります。正しく構成されたときにも絵との一致を十分に行なっておきます。

6. 二音で構成されたことばを綴ることになれてきたら，三音のことば，四音のことばと音をふやしていきます。また，ひきぬきカードを動かす速さを増していったりします。

7. 児童にひきぬき盤の操作をさせてやると，ひらがな文字を自分で組み合わせながら，絵にあったことばを喜んで綴るようになります。

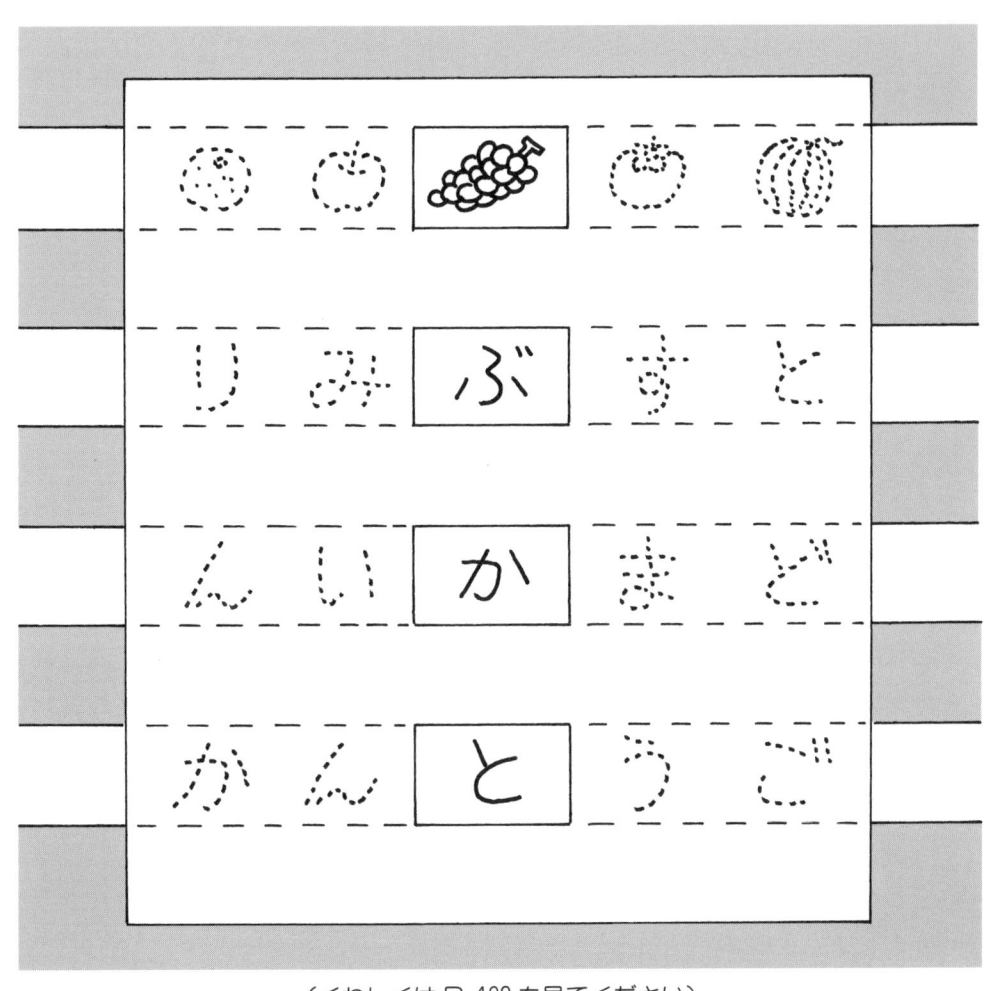

（くわしくは P.198 を見てください）

ネオンサイン

（ひらがなを書く意欲をもつ）

ねらい

　　読むことができるようになっても，書くことはなかなか思うようにいきません。十分に準備の学習を行なった上でも微妙な線のまがり具合を表記できるようになるには相当な巧緻性を必要とします。そのために書くことに興味と自信を失っては困ります。

1. 読めるようになったひらがなを書こうとする意欲をもたせる。
2. ひらがなを意識しながら，わくに従って書くことができる。

準備する物

- プリント用紙……○を並べてひらがな文字を構成したもの，および，ひらがな文字をわく書きして中をぬりつぶすようにしたもの。いずれも児童にとって読める文字であることが必要です。

指　導

1. 夜空に輝く美しいネオンサインについて話し合います。いろいろな色，書かれた文字，夜ネオンサインが輝くのは電気がつくからである，などについて児童の発言を誘いながら話し合います。自分たちもネオンサインを書いてみたいというような雰囲気をもりあげていきましょう。
2. 自分の好きな色のクレヨンを3色くらい選ばせます。
　　○を並べてひらがな文字を構成したプリント用紙を渡し，○を順にぬらせます。児童に「自由な色で」というと，かえってどの色を使ったらよいかがわからず，手にした色で書き続ける者もいます。そこで初めから好きな色を選ばせておくのです。
3. 「ネオンサインに電気をつけていこう。何色の電気がいいかな」などと興味づけをしながらすっかりぬらせます。ぬり終わったら文字になったことに気づかせ読ませてみます。
4. 次にわく文字が書かれたプリント用紙にネオンサインを書かせます。このと

ことば　第2期

きは初めから「文字を書く」ことを意識させた方がよいでしょう。たとえば，「くすり」と読んで「くすりやのネオンサインを作ろう」といいます。3と同じように好きな色を選んでぬらせます。児童によっては色数を制限しなくてもよいでしょう。いろいろな色で装飾された文字を書くことによって意欲を高めていきましょう。

生活への発展

- 　自分の靴箱や机などにはる名札を作らせましょう。画用紙を適当な大きさに切り，そこへなまえを点線で書いておきます。児童には好きな色で画ごとに色を変えながら，なぞり書きをさせ，装飾文字を書かせます。児童の書いた名札は必ず利用してあげましょう。

　児童によっては形がまとまらない場合もありますが，この場合指導者が形を整えて読めるようにしてあげます。

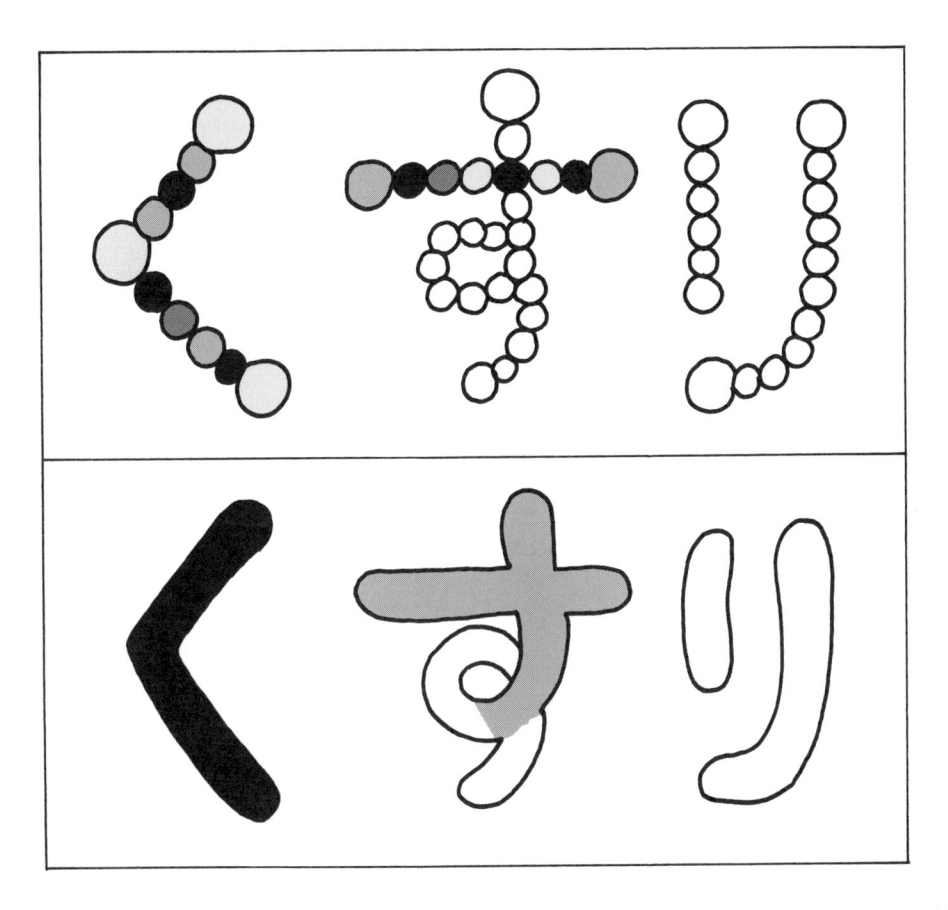

なまえを書こう
（なまえが書けるようになる）

ねらい

　　自分のなまえを読んだり書いたりすることは，自分と他人の持ち物を区別する上からも必要なことです。また児童にとって，一番身近に，たえず目にふれる文字もなまえです。そこで，
1. 自分のなまえが読み書きできるようになる。
2. 自分の作品などになまえを書く習慣をつける。

準備する物

- 点線でなまえを書いた画用紙1人2枚ずつ。
- 画用紙を8分の1くらいに切って，点線でなまえを書いたもの1人10枚くらい。
- なまえを書いた示範カード各1枚。

指　導

1. 点線の上をクレヨンでなぞって自分のなまえを書きます。このとき，線の交差するところや筆順について指導しておきます。書かれた大きな名札を自分の胸と背中につけさせます。指導者がなまえを呼んだら，呼ばれた人は元気に返事をします。
2. 自分の書いた名札を友だちの胸や背中につけます。つまりなまえを変えるわけです。自分の胸や背についているなまえと，自分のなまえはだれについているかということをはっきりさせておきます。指導者がなまえを呼ぶと，呼ばれた人の名札をつけている人が返事をするのです。返事がないときはみんなでその名札をさがします。
3. 点線でなまえを書いた小さな紙を1人10枚くらいずつ，全員のをまぜて並べておきます。「用意ドン」で自分の名札だけを集めてきます。点線だけで書いてあるので，そこから自分のなまえを読みとるのが学習となります。
4. 集めてきた名札をなぞり書きします。点線をなぞっていったら，偶然文字に

ことば　第2期

なったということではなくて，初めから書く文字を意識してなぞらせなければなりません。そのために，3において点線文字から完成された文字をはっきり見出す学習がたいせつとなるのです。

5. 自分の名札をなぞるときに，クレヨンで書いてもよいでしょう。紙のまわりを額ぶちにしたり，もようでかざったりして，自分の好きなお友だちにくばってあげましょう。お友だちから名札をもらった人は大喜びで，交友関係をさらに深めるのにも役立ちます。名刺を知っている児童に対しては，その紙を名刺に見立てさせてもよいでしょう。

生活への発展

- 年賀状や手紙を出すときに，自分のなまえだけでもなぞって書くようにしますと，もらった相手の人が大変喜ぶことを知らせます。
- 作品の裏にはなまえを書く習慣をつけましょう。
- 毎日のプリント物などになまえを書きます。毎日のくり返しが効果をあげます。
- 投票ごっこなどをして友だちのなまえも書いてみましょう。

名刺を作って
交換しましょう

魚　つ　り

（物を数えられるようになる　1）

ねらい

　児童のあそびの経験の中に具体物を数える機会を多く作りましょう。この期の児童には，

1. 具体物を並べて数える習慣をつける。
2. 具体物に指をふれながら数詞唱えができるようになる。

　以上のことを中心に学習します。具体物をおはじきにおきかえたりして抽象数としての扱いをするのではなくて，あくまでも具体物を数える経験の場を作るということにとどまります。

準備する物

- 画用紙に15センチメートルくらいの長さの魚の形をプリントしておきます。簡単な形の上をフェルトペンで太くなぞっておくと切りやすいでしょう。
- ゼムクリップを魚の数だけ用意しましょう。1人に10匹くらいあればよいでしょう。
- 細い篠竹のさおか，わりばしの先にじょうぶな糸をつけて，その先端に磁石をつけたつりざおを用意します。

指　導

1. 海に行った経験などを話し合いながら，魚の色，形，なまえに興味をもたせます。魚はどうやってつるのかを動作をまじえながら話してあげましょう。児童にも魚つりの動作をさせて，魚つりごっこへの意欲をもたせます。
2. 魚つりをするために魚を作ることを告げ，プリントに色をぬらせ魚の形に切りぬかせます。色は自由ですが，形は魚らしくなるように，はさみの指導が必要でしょう。紙を持っている方の手を回しながら，1匹ずつまるく切りとって，そのあとで細部にはさみを入れていくようにするとよいと思われます。
3. 作った魚にゼムクリップなどをつけ，一様にばらまきます。3，4人ずつつりざおを持ち，「用意ドン」でつりはじめ，「止め」の合図までつらせます。魚

がすっかりなくなるまでつらせてもよいでしょう。児童は磁石に魚がつくことに非常に興味を示します。

4. 何匹つれたか数えてみます。数え方としては，必ず同じ方向にして並べさせ，それから，1匹ずつ指でふれながら数詞唱えをさせるような習慣をつけさせましょう。「ひとつ，ふたつ」か「1匹，2匹」といった数え方がよいでしょう。児童の能力によっては2人でどちらがたくさんつれたかを比較させてもよいでしょう。この場合も必ずめいめいを1列ずつ並べて，接近させるようにしましょう。対応しない分だけ多いことに気づかせます。

生活への発展

- 魚の先につける金属を輪にしておき，つりざおには磁石のかわりに針金を曲げてかぎにしたものをつけておきます。磁石のついたさおでは物足りない児童には，新しい興味を掘りおこすと同時に，集中力やこつを体得させるのにもよいでしょう。

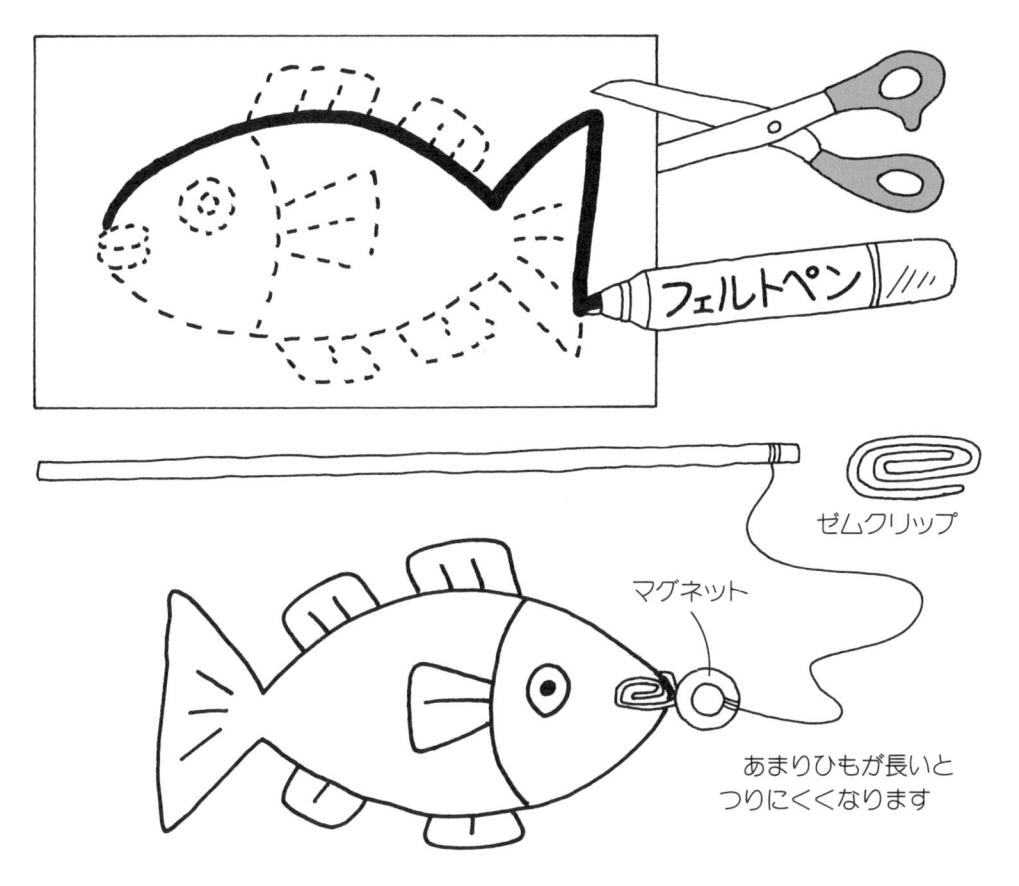

なんこ なんこ いくつ

（物を数えられるようになる　2）

ねらい

　数詞唱えができるようになり，それにあわせて一つずつ物をさわったり，置いたりすることができるようになっても数えまちがいをすることがあります。知的障害児の場合，順序よく数えることができないため，とばしてしまったり，同じものを二度数えてしまうことがあるからです。

1. きちんと並べて数えるようになる。
2. 数詞にあわせて順に数えることができる。
3. いくつあったか数えた結果がわかる。

　このようにならないと数えることができたとはいえないのです。

準備する物

- おはじき……1人に10個くらいずつ。おはじきのかわりにキャラメルやどんぐりでもよいでしょう。
- おはじきを並べて数えるための型盤……ボール紙におはじきより少し大きいまるい穴を10個あけます。穴は等間隔に1列に並べられるように配列します。厚手のボール紙の台の上にしっかりと接着させておきます。ここでは数図の学習ではなく，並べやすいことを主体に考えます。

指　導

1. 指導者が示範しながらルールを理解させます。持っているおはじきを数えて手の中に10個あることをわからせておきます。両手を重ねるようにして中に入れたおはじきをならしながら「なんこなんこいくつ。こちらはいくつ」とリズミカルに唱えます。そして10個のおはじきを両手に握りわけ，あてさせようと思う方の手を握ったまま前へ出します。児童は1から10までの数詞の中からあてずっぽうに数をいいます。
2. 手を開いてみせ児童のいった数と合っているかどうか数えることによって確認しあいます。このとき，先に用意した型盤の中へ，おはじきを一つ一つ対応

かず　第２期

させながらはめこむようにして並べさせます。数えるときには，必ず並べてから数えるように，きちんとそろえて並べるように習慣づけをしておきましょう。児童のいった数と合っているときは，その児童におはじきを全部あげなければなりません。

3. 指導者が何回か出題者にまわってやりますと，次第におはじきを持っている手のふくらみ具合などに気をつけて数を推測していうようになります。
4. ルールがわかったら児童を２人１組にして遊ばせるわけですが，その前におはじきの持ち方，「なんこなんこいくつ」のうた，おはじきの分け方，握った手の出し方，数えるために型盤にあわせておはじきを並べるなどの練習をしておく必要があります。あそびの技能としてこれだけは必要という点をおさえ，遊びながら上達していくことにしましょう。
5. 遊び終えたとき，自分はおはじきをいくつ持っているかを確かめておきます。10 個以上ある人が勝ちとなり，不足の人に返しておきます。このあそびを始めるときと終わったときには，必ずおはじきが 10 個あるかどうか確認させます。

あたりはなんばん

（数字を読む　1）

ねらい

　　1対1対応の経験を通じて，数詞唱えができるようになっても，数字が読めるようになるには，次のような段階をおった指導が必要でしょう。
1. 数字の形に興味をもち，それぞれの形の特徴に気づく。
2. 「1，2，3……」と順に数字と対応させながら「いち，に，さん」と音を出すことができる。
3. 唱えた数詞の音に気をつけ，その音にあった数字をとり出せるようになる。
4. 一数字ごとに読めるようになる。(10まで)

準備する物

・　厚手の紙に1から10までの数字を書いたカードを1人1組。

指　導

1. 指導者は1から10までの数字カードを読んできかせ，カードを見せながら復唱させます。「数字の1はなあに」といった歌を利用してもよいでしょう。
2. カードを全部裏がえしにしておき，児童にはこれをくじにみたてさせます。「これから，くじびきですよ」といって，あたり札を指示します。たとえば5のカードをみせ，「これは5です。5がでたらあたりです」といって，「ご」という音と5という形との対応を強化します。5のカードは児童の見えるところに置き，「ごかな」と何度もいい，5がでたら「ごがでたよ」といって「あたり」にします。あたり札は，とった児童のものとします。「あたり」の時には，鐘やタンバリンをならしてやると効果的でしょう。つまりやり方は，トランプの神経衰弱を簡単にしたものです。5が全部でたらあたり札の数字を変えてやりましょう。
3. カードを，砂の中へ埋めたり，箱の中へ入れておいて拾い出させ，指示数字とちがう数字が出たらもとにもどす，といったやり方もあるでしょう。ねらいは同じですが，方法をかえて児童の興味を持続させていきます。

かず　第 2 期

4. こんどは，数字を全部表向きにして，ばらばらに置き，数字かるたをとって遊びます。初めは，指示数字を見せて，たとえば，5を見せて「ご」といってやります。児童は音と形と結びつけながらとります。3までに行なった偶然性に対する興味ではなく，意識的に選択していく興味へと発展させていくわけです。なれてきたら，指示カードを見せないで，数詞をいうだけでとらせましょう。

5. 指導者は，1から順に数詞を唱えながら，とったカードを数詞の順に並べさせます。とったカードの中に1から10までの中でたりない数字のあることに気づかせます。その数字をいわせ指導者からカードをもらいます。1から10までそろったら，それを自分のカードとして保管させ家庭で遊ぶ時にも利用させましょう。

生活への発展

・　時計の文字盤や日めくりカレンダーの数字に興味をもたせましょう。カレンダーなどは毎日くり返して行なうと効果があがります。

・　テレビのチャンネルの数字を読みます。

・　遊ぶたびに，自分のカードが1から10までそろっているかを点検させましょう。これは数字よみのくり返し学習とともに，自分の物を整理して保管するといった生活指導の上からも大切です。

宝さがし式

神経衰弱式

かるた式

いろいろな遊び方を考えてみます

チャンネルあそび

（数字を読む　2）

ねらい

　テレビを見ることは，児童にとって重要な生活経験の一つです。自分の好きな番組を選んで見ることができるようになると，チャンネルプッシュが一つの課題となります。このチャンネルプッシュが児童に数字を読めるようにさせる契機となることも少なくありません。

1. 数字の形になれる。
2. 数詞と数字との結びつきを確実にする。
3. 数詞を聞きとってそれに合った数字を選ぶことができる。

　ようになるとチャンネルプッシュの課題も解決しやすくなるでしょう。

準備する物

- 50×90センチメートルくらいのボール紙を用いて絵のようなチャンネル・プッシュ・バーを作ります。
- 上部は方形にくりぬき，ブラウン管を模して指導者が顔を出せるようにします。
- 下部には直径8センチメートルくらいの円を描き，1から12までの数字を入れます。円周は全部くりぬいて，上部を裏からセロファン・テープで止めておき，指で押すと指が中へ入るようにします。
- もう一つ，右脇のほうに円をくりぬいておき，裏から数字を書いたカードが入れられるようなポケット袋をつけておきます。

指　導

1. 準備したボードはテレビの画面とチャンネル・プッシュ・バーであることを知らせます。
2. 「これからおもしろい番組が始まりますよ。さあ何チャンネルでしょうね。ここから数字が出てくるからなんチャンネルかいって指で押してみてね」といって，指導者は数字カードをポケット袋に入れます。

かず　第2期

3. 児童が数字を読んで同じ数字のチャンネルを指で押すと，円盤を突き抜けて中に指が入ります。
4. ポケット袋の数字と同じチャンネルを押せた場合には指導者は児童の指をにぎってあげて「ピン・ポーン，○チャンネルが映ります」とほめてあげ，そのチャンネルで放映されている人気番組の主題歌を歌ったり，コマーシャルの真似をします。人気キャラクターのペープサートを見せるのもよいでしょう。

生活への発展

- とけいを作らせます。あき箱に円形の白紙をはり数字を入れる位置をきめておきます。1から12までの数字を書いた紙をはって文字盤にします。ボール紙を細かく切って針にし，割りピンで中心部にとめます。

とび箱やイスで板を支えます

だ め な い す

(数字を読む　3)

ねらい

　　数詞を唱える学習と，数字を読む学習とを結びつけるために，児童のリズムあそびの興味にもとづいて次のような学習をします。
1. 歌詞の中にある数詞を聞きとることができる。
2. たくさんの数字の中から指定された数字を見つけ出すことができる。
3. 数詞と数字の結びつきを確実にする。

準備する物

- 児童の人数と同数のいす……いすの見える部分に1から順に数字をはっておきます。
- 「だめないす」の曲。

指　導

1. 「いすとりゲーム」と同じ要領で行ないます。初めにいすについている数字を読んでみます。指導者は数詞唱えをしながら，いすを一つずつさわっていくようにします。
2. 児童全員をいすにすわらせます。指導者は任意の数詞をいいます。その数詞を表わす数字がどれかを児童とともにさがし，その数字が書いてあるいすにすわっている児童を立たせます。
3. 「だめないす」の歌をうたいます。たとえば「だめないす，だめないす，すわっちゃだめないす，それは8です。8ですよ」とくり返してうたったのち，8のいすにすわっている児童を立たせます。
4. つぎに「だめないす」の歌をうたいながら，いすのまわりを一定方向に行進させます。何回かうたったあと，途中でオルガン演奏（またはうた）を止めます。止めたとたんに指定された「だめないす」以外の座席にすわります。だめないすにすわった児童または立っている児童はアウトとなり×が一つつくことにします。従って「だめないす」は何という数詞かをよく聞いて，行進をしな

かず　第 2 期

がらその数字を見つけ出し，そのいすをさけるようにしなければなりません。
ルールの理解がむずかしい児童に対しては，ゲームをくり返しながらルールを
理解させるようにしましょう。

生活への発展

- 駅のアナウンスなどを聞いて「何番ホーム」に電車がくるかをわからせます。
- 子ども会などのおりに，指定席を作り，自分の座席といすの番号を合わせて
すわらせます。

だめないす

高野信寛　曲

だ め な い す　だ め な い す　す わ っ ちゃ　だ め な い す
そ れ　は　○ ○ で す　○ ○ で す　よ

前の人を
追いこさないように
歩きましょう

いすの数字は，表からも裏からも
見えるようにします

1，2と3，2と4と5

(数字を読む 4)

ねらい

　数詞唱えと数字との結びつきが確かなものになってくるにつれて，数詞の区切りを意識するようになってきます。それにつれて，

1. 数詞や数字の順序性に気づくようになる。
2. 数詞を聞いて数字を選ぶ反応が早く確実に行なわれるようになる。

準備する物

- 画用紙に小円を5個並べて書き，下の円から順に1から5までの数字を書いておきます。
- 地面に直径40センチメートルくらいの円を5個並べて書き，同じように5までの数字を書き入れておきます。
- 「1，2と3，2と4と5」の曲。

指　導

1. 「1，2と3，2と4と5」の歌を覚えさせます。歌に合わせて画用紙の上に書かれた数字を指でおさえさせます。初めは，数字をさがしだすことがむずかしいのでゆっくりうたってあげましょう。「2と4と5」のところは，一度2へもどって，一つとびこして4へ進むことをしっかりと理解させておきます。
2. 1，2と4，3と4と5，4，3，2と3と，2と3と5とか適当に数字を変えてうたってやり，児童に数字を指さしさせます。
3. 地面に書いた円をとびながら同じ要領で数字を選ばせます。初め自分の石をもち，1の円の中へ入れます。歌にあわせて数字を選び，地面に書かれた円形の線をふまないようにとびます。歌のおわりの5まで成功しますと，石を2のところへ投げます。線をふんでしまったり，数字をまちがえたり，石がうまくはいらないときは次の者と交替をします。一つとびこして進んだり，もどったりする動作は，跳躍力や敏捷性を養うのにも役立つでしょう。

かず 第2期

いちにとさん　にとしとご　さんいちにとしと　にとしとご

輪はそれぞれ
くっつけて
並べます

いすとり

（物と物とを対応させる　3）

ねらい

　給食のときに欠席した児童がいるために，牛乳が余ることがあります。このようなとき「なぜ余ったのか？」という質問をしばしば受けます。また，児童に牛乳を配らせますと，全員に配りきらないで余っていても平気でいる場合もあります。知的障害児はいろいろな場面で，対応させることがうまくできないため人の数だけ物をとったり，それぞれの人に同じように配ったりすることができにくいのです。

1.　自分に自分の物を対応することができる。
2.　人数と同じ数だけの物とを対応させることができる。
3.　対応させた物の一方だけを減らすと，減らした数だけ他方が余ることがわかる。

準備する物

・　いす，楽器。（オルガンのようなものがよい）

指　導

1.　6人から10人くらいで遊びます。自分のいすを持ちよって，円形に並べます。すわりよいように座席を外側に向けます。めいめい自分のいすにすわってみて，立っている人がいないことを確認しあいます。
2.　全員立って音楽にあわせて歩きます。音楽がやむと同時に他人のいすにすわるように指導します。知的障害児と「いすとり」をしますと，自分のいすに固執し，そのためあそびのおもしろさが失われるばかりか，あそびにならない場合もでてくるのです。そこで初めは他人のいすにすわることになれさせます。いすを減らさなければ全員すわれることを確認し，いすと人数とが「相当」であることを指導します。
3.　次に自分のいすでも他人のいすでも近くにあるいすにすわることを指導します。笛がなったら反射的にすわるようにします。耳で聞いて反射的に行動でき

る訓練にもなるでしょう。

4. いすを1個減らしていすとりをします。「全員すわれるか」をはっきりさせるには、やってみなければなかなか理解できないものです。すわれない人の数と減らしたいすの数が一致することを確認します。すわれなかった児童はゲームからはずし、先に取り除いておいたいすにすわらせます。

5. 1人だけゲームからはずしたあと、一度全員いすにすわらせます。再びいすを減らします。2個減らせば2人すわれない児童がでることをわからせます。そうして勝ち残りが3～4人になるまで続けて行ないます。あそびの過程で減らしたいすの数と、余った人数が一致することをたえず指導していきます。

生活への発展

- ボタンとボタンあなを対応させ、ボタンがとれたことに気づくようにします。また、かけちがえたときにも気づくようにします。
- お客さまとお茶、茶器とスプーンなど日常のてつだいの中で対応を確実なものにしていきましょう。

いすは外向きにして
輪になるように
並べます

玉　入　れ
（物と物との対応で多少を知る）

ねらい

　運動会のときに行なう玉入れは，体育的にも数量的にも学習する内容の豊富な教材です。しかしこの期の児童は，はいった玉の数を比較することによって勝ち負けを判断することがむずかしく，指導者や上級生の気勢に従って何となくゲームに参加している場合が多いようです。そこで，
1.　1対1対応によって数をくらべることになれる。
2.　比較の方法を知って勝ち負けの判断ができる。
　このようになると数える必要感が生じ，意欲的な玉入れが行なえるようにもなるでしょう。

準備する物

- 玉入れのボール，玉入れの箱，ライン引き。
- 玉……紅白40個くらいずつ。平ゴムをつけ，掛けるところを作っておく。
- 数えるときに玉を掛けていく棒4本……棒には等間隔に20本くらいくぎを打っておく。

指　導

　玉入れのやり方を3例あげてみますが，やり方は違っても数えて比較する方法は統一しておいて指導した方がよいと思われます。
1.　紅白にわかれて5人くらいずつ向かい合います。それぞれの陣地を作り，陣地どうしの距離を5メートル以上あけて箱を置きます。指導者は笛をならし，用意した玉をまん中へ投げます。一度に投げる玉の数は全員の人数より2個くらい少なくしておきます。笛がなったら各人走っていって玉をとり，自分の陣地の箱へ入れます。一度に1人1個しか玉をとってはいけません。三度くらい投げてはとらせ，各組でいくつとれたか数えてくらべます。
2.　箱を前方におき，輪なげのようにして投げさせる方法もあります。
3.　ポールを立てて，紅白で競争しあって入れる方法は最も一般的でしょう。

かず　第2期

4. いずれの方法で玉入れをさせても，はいった数をくらべあうことが必要となります。初めは対応によらないで目分量で比較させます。多い少ないを実証する意味で数えます。たいこの音や数詞唱えにあわせて，はいった玉を紅白同時に一つずつとり出します。とり出した玉は投げてしまわないで，棒についたくぎに一つずつ掛けていきます。片方の組がすっかり掛け終えたところで一時ストップをして，からになった箱を見せます。このとき他方はまだ余分があることを知らせ，「こちらより，こちらの方が多い」と相対比較をさせておきます。多い分を続けて棒にかけ2組を並べて見せるとはっきりします。

生活への発展

- ボーリングのピンを入れておく箱を10に区切り，整理するたびに対応させるようにします。
- チームゲームをするときに児童を2列に並ばせ，手をつながせてみます。どちらのチームが，人数が多いか少ないかをはっきりさせます。

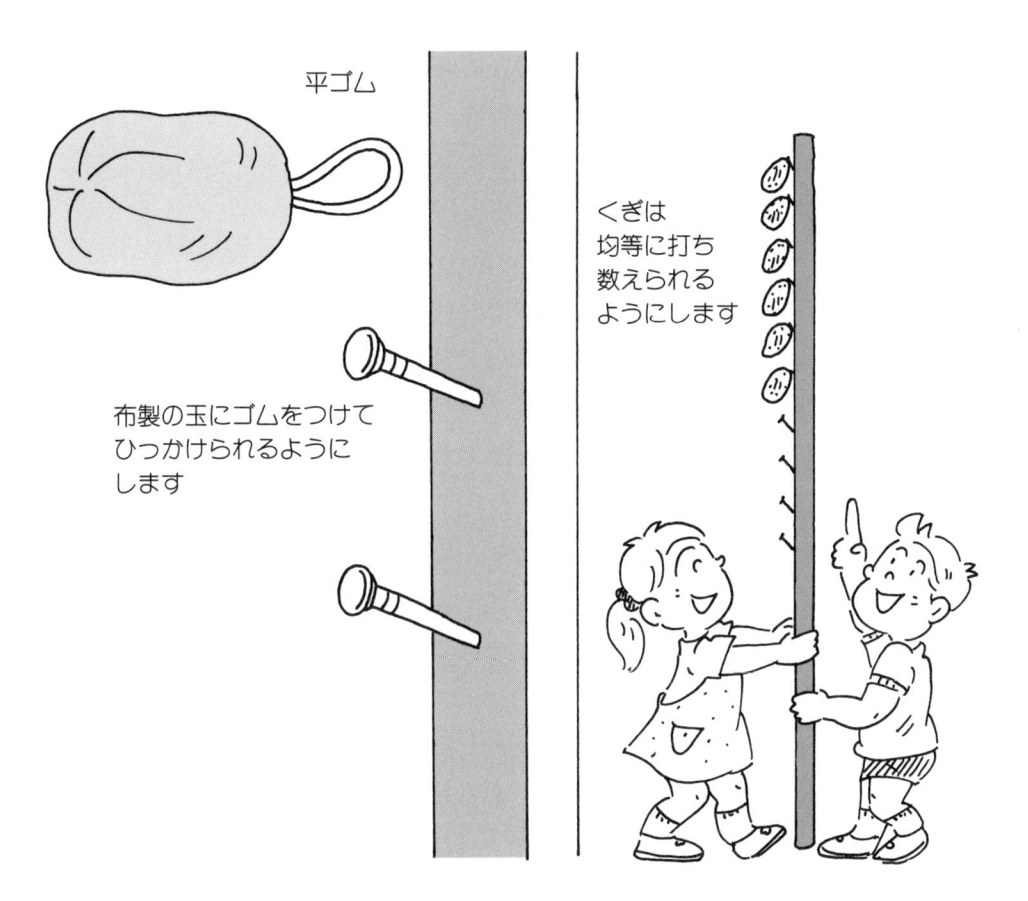

平ゴム

くぎは
均等に打ち
数えられる
ようにします

布製の玉にゴムをつけて
ひっかけられるように
します

数字でうめよう

(数字を視写する)

ねらい

　ただ単に数字を機械的に羅列して書くだけでは児童の興味にはつながりません。児童にとって数字を書く必要場面を作って，必要に応じさせながら書く指導をしていくことがたいせつです。
1. 書く数字を確認することができる。
2. きめられた場所に正しい位置で数字を視写することができる。

準備する物

- 数字を書いた大きなサイコロ……つみ木に数字を書いた紙をはってもよいでしょう。数字は児童の能力に応じて範囲をきめればよいでしょう。
- プリント用紙……縦横に罫をひき，5センチメートルくらいのます目を作ります。ます目の数は，横列に数字の数だけ，縦は6行くらいとし，1行の下へ太線をひいておきます。ますの中には数字を点線書きにしておきます。

指　導

1. 数字を書いたサイコロを見せて，各面の数字を読ませます。次にサイコロをふって上に出た数字を読ませます。児童によってはどこの面を読んでよいのかわからない児童もいるので，そのような場合にはサイコロにわくをはめて周囲をかくし，上の面だけが見えるようにします。
2. 順にサイコロをふって，上に現われた数字を別紙プリントに書きこんでいくというルールを理解させます。
3. 4，5人が1組になって，サイコロをふるたびに現われた数字を記録していきます。記録する場所は，数字が順序よく並ぶように，点線書きした上に書くようにしておきましょう。たとえば1が4回でたら，1行目に1という数字が4個並ぶわけです。このようにして早く1から5までの数字が1組そろって並べば，そこでその児童は終わりとなります。早く終わった者が勝ちとなります。
4. 1組の数字がそろわないうちは，何回でもサイコロをふっては記録し続けま

かず　第2期

す。児童にとってはサイコロをふるのが興味の中心となりますが，この遊びを通してサイコロの数字を見て書けるようになるでしょう。サイコロの数の位置が横や逆になっても正しい位置になおして書けるようにします。

5. 発展としては，サイコロの目を数えて，それを数字におきかえて記録させてもよいでしょう。
6. ビンゴゲームにも利用できます。

この1列
そろえば
勝ちです

下の段は4〜6段
くらいあれば
よいでしょう

カ レ ン ダ ー (1)
（曜日の順序を覚える）

ねらい

　カレンダーを見ることは，日常生活にとっても必要なことですし，数字の学習からもいい教材です。しかしカレンダーを指導する前に，曜日について知らせておかなければなりません。曜日については，
1. 日曜日について理解する。
2. 一週間に何曜日があるか知る。
3. 曜日の順序をおぼえる。

　以上のことを指導しておきましょう。

準備する物

- 日めくりカレンダー，月別カレンダー，「あしたはなんようび」の曲。

指　導

1. カレンダーの指導は遊びとしてではなく，毎日毎日の生活経験の中で，くり返し利用することによって，自然に理解していくようにした方がよいと思われます。この期の児童にとっては，日めくりカレンダーが効果的と思われます。
2. カレンダーの中から赤い色のついた日のあることに気づかせ，日曜日についてまず気づかせましょう。カレンダーを示して，日曜日を一週間の区切りの日としてはっきり意識づけておきます。たとえば，会社がお休み，夕刊がこない，テレビの番組など，ふだんの生活と異なった点を強調しましょう。
3. 日曜日がいつやってくるかを知らせましょう。日めくりカレンダーですと，土曜日が青色になっているので「青色の日の次」としてはっきりします。土曜日には「あしたは日曜日」ということを忘れないようにします。「きょう」「あした」も，同時に指導していくことになるでしょう。そのために，日めくりカレンダーに「きょうの札」「あしたの札」をつけてもよいでしょう。
4. 日曜日から日曜日までの間にどんな曜日があるかについては，この段階では歌のようにしてなれていくようにしたらよいでしょう。

かず　第 2 期

生活への発展

- 一週間の日課カレンダーを作り，日課の変化によって曜日の特徴をとらえていきます。

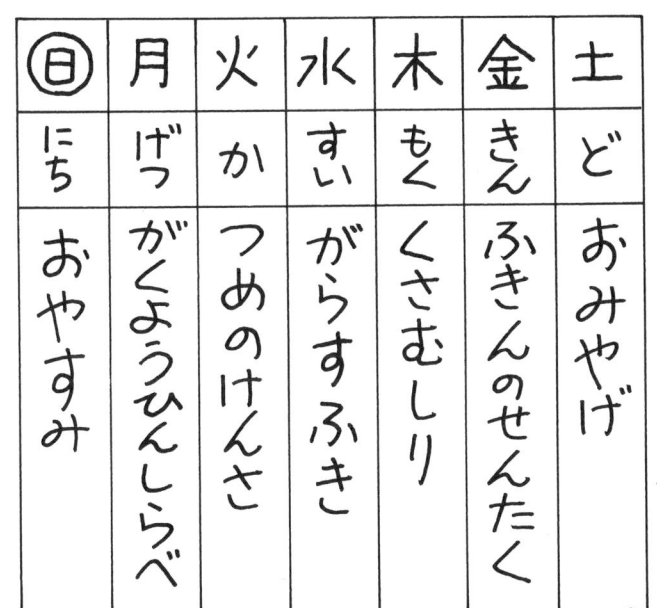

あしたはなんようび

げつようび　かーようび　すいようび に　もくようび
きんようび に　どーようび　にちようび の　つぎは　げつようび に
もどります　きょ　う は　〇 ようび　あ し た は　なんようび

日	月	火	水	木	金	土
にち	げつ	か	すい	もく	きん	ど
おやすみ	がくようひんしらべ	つめのけんさ	がらすふき	くさむしり	ふきんのせんたく	おみやげ

日課カレンダーを作ったり，日めくりにきょう，あしたのカードをつけたりします

第 2 期 の ま と め

　ルールのある遊びになれてきて，楽しさがわかってくると，くり返し同じ遊びを行なうことができるようになります。第2期の遊びを通して，あきずにくり返して遊べるようになることが望まれます。そしてドリル的に学習することも可能にしたいものです。

　「ことば」の面についてみますと，了解しあう段階から，正確に使えることを少しずつ期待していく段階に移ります。たとえばことばがうまく話せない子どもでも，表情や身ぶりをまぜて話せば意思を疎通しあうことはできますが，そこには了解しようとする心のはたらきが重要になってきます。

　意思の交換は，初めのうちは支援するというそのことが大切なのですが，ことばのもうひとつのはたらきである，物ごとを考えたり，考えたことを残したりするには，ことばを自分から分離して正確に組み立てられるようにする学習も必要となってきます。これはこの段階で一足とびに到達できるものではありません。しかし知的障害児といえども，そこへ向かってスモールステップを取り入れた指導をしてやれば，思考の道具としてことばを用いることがかなり期待できると考えて「ことばをより正確なものとしていく基礎づくりの段階」にしていただきたいと思います。

　そのためには「聞きとる，見わける，表現する」ことに対して，第1期では反応することのみでもよかったのですが，第2期の遊びでは「より正しく，速く反応すること」ができるように，くり返し学習をさせてください。

　「かず」についても，体得したことを実生活の中で使うことができるようにしてください。

第 3 期

第3期のねらい

■ **かたち**
　　中心の位置がわかる。
　　対称図形がわかる。
　　並び方の順序がわかる。
　　記憶して描くことができる

■ **ことば**
　　伝言ができるようになる。
　　語として読めるようになる。
　　拗音，長音，促音が読める。
　　見ながら描くことができる。
　　記憶して書くことができる。
　　語句の中の脱字に気づく。

■ **かず**
　　数を用いて順序を表わすことができる。
　　直接目に見えないものも数えることができる。
　　個数と数字との結びつきをはかる。
　　カレンダーの見方がわかる。

まわるもの
（中心の位置がわかる）

ねらい

　　知的障害児は，物の中心を意識しなかったり，物の中心をさがし出すことがむずかしかったりすることがあります。そのため，作品のできばえが悪くなるばかりでなく，ときには作品が使い物にならない場合などもあります。
1. どのような場合に中心を求めるのかがわかる。
2. 中心をさがしだす方法を知る。
3. 中心をさがしだすことがうまくなる。

準備する物

- 折り紙，牛乳のふた（もしくは段ボールを小円に切ったもの），ストロー，竹ひご，マッチの軸。
- 中心が求めやすい図形をプリントしたもの。

指　導

1. かざぐるまを作らせます。折り紙を四半分に折り，三角形にします。かどとかど，へりがきちんと合うように指導します。折り紙を開いて，対角線に折り目がついたことに気づかせます。対角線の重なったところにはっきりと印をつけ，「まん中」の位置を指導します。対角線にかどから半分くらいずつ切りこみを入れます。45°の角に分かれた片方を順に中心へ向かって集めます。中心部をのりではり，かわいたらマッチの軸を通します。ストローへ，マッチの軸の片方をさしこみ，風に向かって走らせるとまわります。このことを通して「よくまわるには，まん中へマッチの軸をさすこと」，方形の場合のまん中のみつけ方を経験的に理解させましょう。
2. 牛乳のふたを3枚くらいはり合わせ，さしわたし（円の直径）を何本もひいておきます。まん中を見つけ出させてそこに穴をあけ，竹ひごを通し車輪を作ります。車は2，3個つけるとよいでしょう。これだけでもころがして遊ぶとおもしろく遊べますが，前車輪，後車輪を作り，そこへあき箱などをつけて，

かたち　第3期

自動車にしてもよいでしょう。円形の中心を見つける学習です。

3. 牛乳のふたを3枚くらいはりあわせ，こまを作ります。中心の見つけ方はさしわたしをひいておかず，児童に基準を作らせてみつけさせます。中心に穴をあけてマッチの軸をさします。牛乳のふたにはいろいろな色をぬらせると一層おもしろいものができるでしょう。

4. 円や方形のような中心が求めやすい具体物をプリントしておき，中心を記入させます。目測でなるべく的確に中心を求めるようになるドリルです。

生活への発展

・ 物を手に持って運搬するとき，中心の位置を持つようにすれば安定して持ちよいことを知らせます。

・ ボーリングなどで，まん中をねらうようにします。

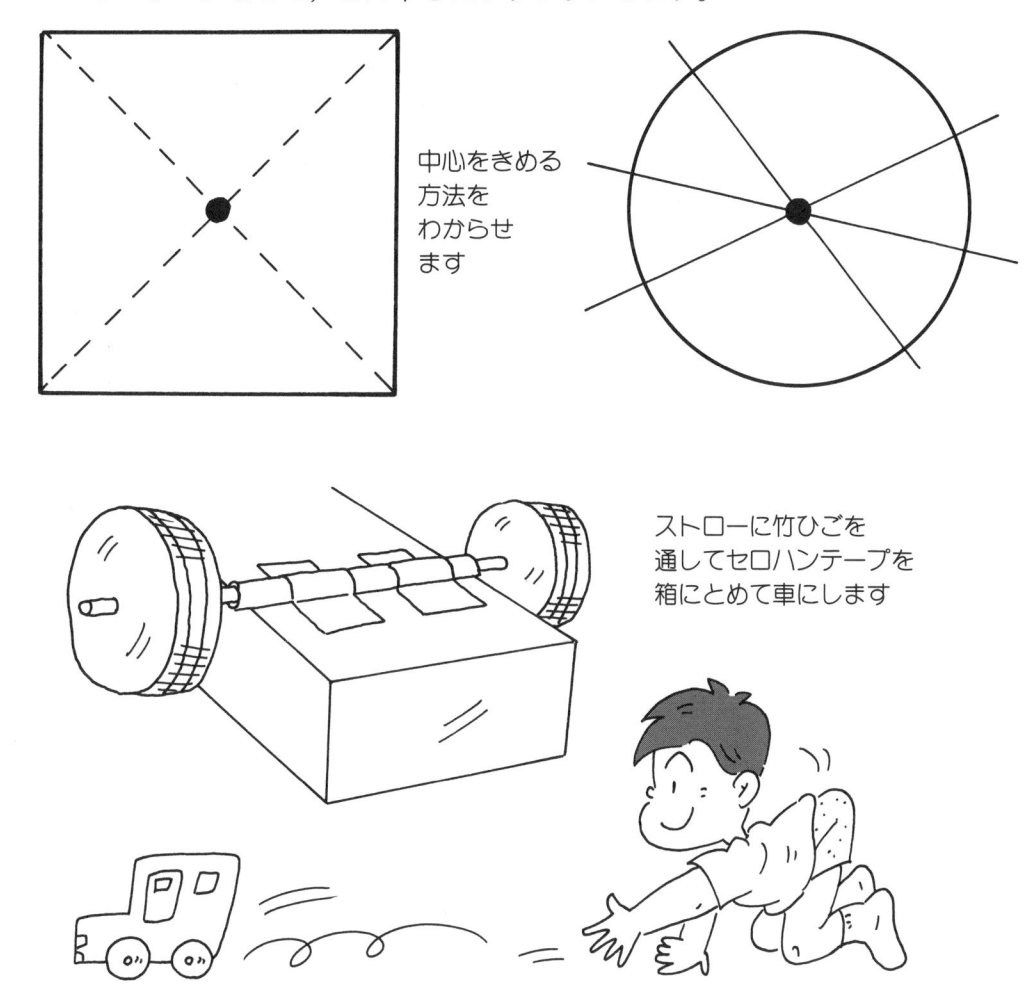

中心をきめる方法をわからせます

ストローに竹ひごを通してセロハンテープを箱にとめて車にします

折 り 紙

(かどとへりがわかる)

ねらい

手先の巧緻性を養うには,折り紙あそびが適しています。しかし折り紙をする場合でも,この期の知的障害児には,かどをあわせたり,へりをあわせたりすることがうまくできないものです。そこでかどへの意識をしっかりともたせたり,折り紙でいろいろな形を作りだすことができるために,

1. かどのある場所に気づく。
2. かどとかどとをきちんとあわせることができる。
3. かどの開き加減に気づく。

準備する物

- 折り紙。
- できあがりの折り紙をはる画用紙……下絵を描いておきます。

指　導

1. 折り紙の1組の対角に印をつけておきます。かどということばを強調しながら対角どうしを合わさせて三角形に折らせます。以下行なう折り紙はこの三角形が基本ですから,ここでかどのあわせ方,へりのあわせ方をしっかり学習させます。
2. 魚とこんぶを折らせます。三角形からひれの部分を折らせるところへは線をひいておいた方がよいでしょう。目や口,うろこなどはクレヨンで描かせるようにします。こんぶの折り方は長く四半分に切った折り紙で隣りどうしの角をあわせるようにします。水の泡や岩を描いた画

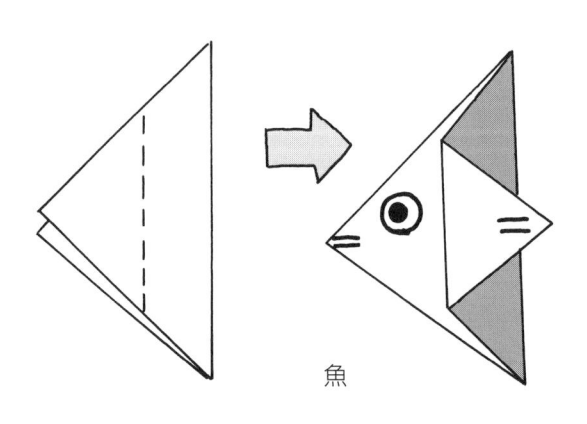

かたち　第3期

用紙の台紙があれば，そこにはって水族館を作ってもよいでしょう。

3. 船を折らせます。

　基本の三角形を半分に折ってのりでとめておきます。大きな船，小さな船，色の変わった船などを作って，並べて遊ぶのもおもしろいでしょう。また汽笛の音を出しながら船を動かしてみたり，船の交換をしてみたり，船を使って遊ばせると，児童はたくさんの船を作るようになります。

4. チューリップとちょうちょうを折らせます。

　この場合には折り返したへりのあたるところへ線をひいておきます。

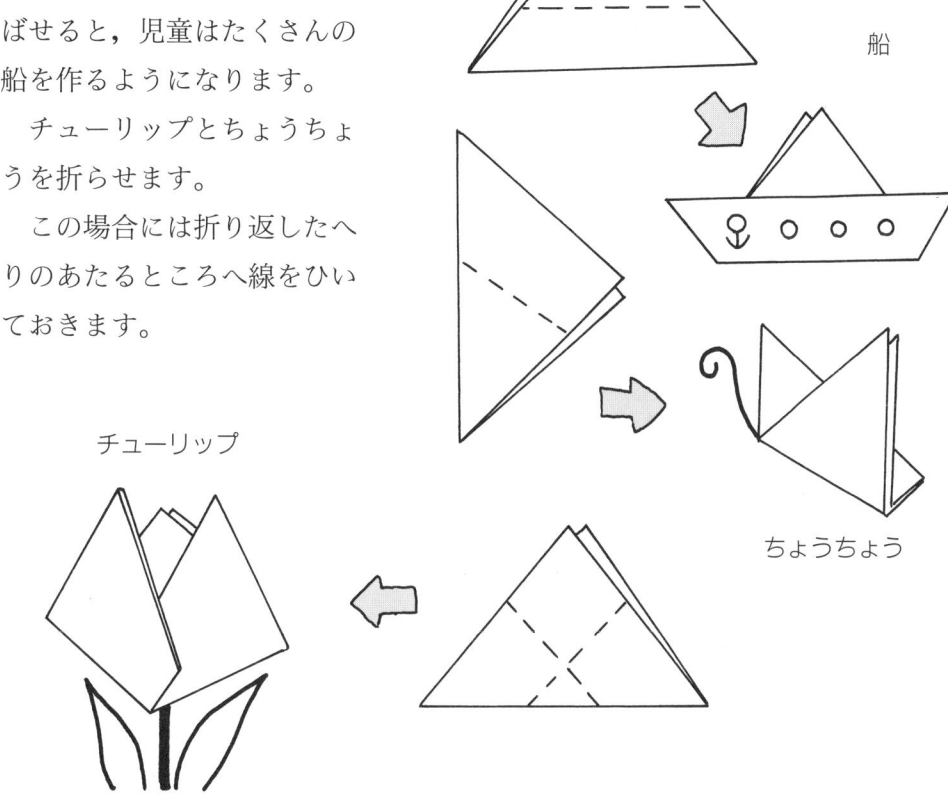

こんぶ

船

ちょうちょう

チューリップ

生活への発展

・　紙ナプキンやハンカチをたたむ手つだいをさせます。

切り紙，あわせずり

（対称図形に気づく　1）

ねらい

　身のまわりにある物の形や図形や文字の中には，対称図形もしくは，それに近い形をしているものが少なくありません。形を見分けるのに対称図形としてとらえることができるようになると，形の記憶や表記も容易に行なわれるでしょう。

1. 左右対称の図形を作って，左右が同じ形であることに気づく。
2. 対称の位置におかれた一対のものに気づく。

準備する物

- 絵の具，画用紙……半分に折っておく。
- 折り紙……前もってはさみをいれるところに線をひいておく。

指　導

1. あわせずりをします。折った画用紙を開き，画用紙に絵の具を少し出します。好きな色を2，3色出させるとよいでしょう。折り目に従って半分に折り，上からこするようにします。そっと開くと絵の具が折り目の左右に対称形になってもようを表わします。左右とも同じ形，同じ色であることに気づかせます。児童は対称形の意外な美しさに目をみはることでしょう。
2. あわせずりをしたあと，半分に折ったままで適当な形に切ります。切るべきところへは指導者が事前に線をひいておくとよいでしょう。切ったあと開いてみますと，画用紙の形そのものが対称形で，そこにまたあわせずりの対称形がうつり，一層美しいものとして児童の目をみはらせることでしょう。常に折り目に対して左右が同じ形であることを意識させるようにします。
3. 折り紙を半分に折ります。長方形にしたり三角形にしたりします。折り目に対して対称図形が生まれるように指導者は線をひき，児童に切らせます。はさみで切るばかりでなく手で切っても美しい対称形ができます。
4. 折り紙を四つ折りにします。四つ折りのしかたは先に半分に折った長方形を

かたち　第3期

半分にする場合と，三角形を半分にする場合があります。切りぬいたものを広げて同じ形が四つできたことを理解させます。いろいろな位置に置いてみて，対称形の美しさに気づかせます。

5. 身のまわりにある対称形に気づかせます。たとえば「同じものが二つ並んでいるもの」として，たんすの引き手，目，まゆ，手，足など，「半分にしてみると左右同じ形のもの」として，洋服，ハンカチなどがあります。対称の軸を見出すことはまだむずかしいので，経験的に左右同じということがわかるか，模様など一目見てわかるようなもので気づかせる段階でしょう。

生活への発展

- 切りとった折り紙でふすまはりをしたり，箱にはって整理箱のようなものを作ります。

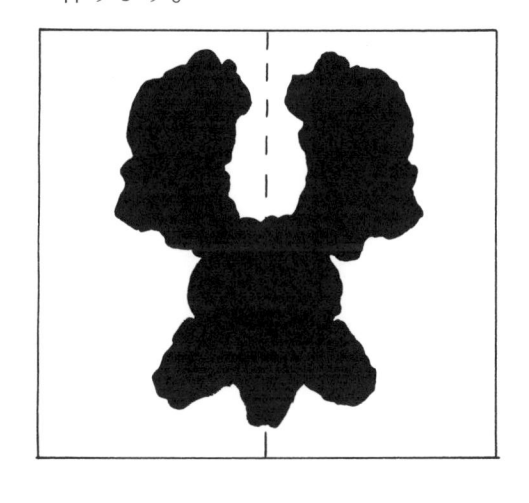

あらかじめ
切りこみ線を
書いた紙で
あわせ絵を
やってみましょう

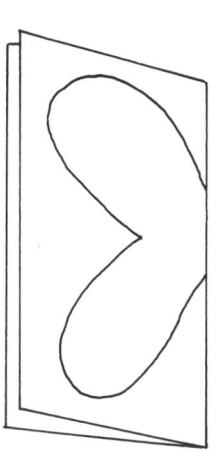

二つ折りにした紙を
広げて，絵の具を
つけてあわせます

たりないところさがし
(対称図形に気づく 2)

ねらい

　対称図形の特徴に気づいてきた児童に対して，対称図形の部分を見せることによって，全体の姿を想起できるようにします。そのために，
1. 機能や用途から考えて，不足部分に気づき，対称図形を構成することができる。
2. 簡単な対称図形の不足部分を補うことができる。

準備する物

- 対称形として完成させるように選んだ具体物や半具体物，図形のプリント。

指　導

1. 具体物が描いてある絵を見て，機能や用途から考えて不足部分を見つけ出させ記入させます。児童の描いた結果に対して「羽根は二枚あるね」「こちらにも足があるね」といって対称をはっきりさせておきます。この学習は遊びというよりもドリル的なものです。
2. 対称形をした具体物の絵を見て，形の上から一部不足なところを見つけ出して記入させます。「もうすこし描くとちょうどよい形の絵になる」ということを知らせておきます。
3. 対称図形の一部を不足にしておき，気づかせて記入させます。気づかないときには指導者が記入してやり，左右同じ形になったことを理解させます。

生活への発展

- 洋服をたたむときに左右の袖を合わせて重なりあうことを知らせます。
- カレンダーの曜日の形などにもふれておきましょう。

かたち　第3期

箱 づ め

（並び方の順序がわかる）

ねらい

　　文字や図形を正しく認知して，鏡文字にならないようにするためには，各部分の前後，左右，上下などの位置関係を把握することが必要です。
1. 各部分のちがいに気づく。
2. 位置を考えて並べることができる。
3. 並び方に気づく。

準備する物

- 玉入れの玉を紅白5個くらいずつ。玉が2個くらいはいる大きさの箱若干。
- 絵カード……果実を描いたもの，菓子を描いたもの，各2種ずつ数組。
- 図型プリント……A～D。（別図）

指　導

1. 指導者は紅白の玉を1個ずつ箱の中へ入れて児童に見せます。色のちがい，数，位置を意識させるようにします。示範された物を見せて同じように児童に箱づめをさせます。示範物と比較して色，数，位置にちがいがないかを確認しあいます。
2. 右図のようなます目を描いておき，果実のカードを並べておきます。あいているますにはどのカードを入れたらよいかを考えさせて，児童に入れさせます。果実の位置を左右反対にして，何回かやらせてみます。
3. 同じようにして，入れさせる方のます目を両方とも

かたち　第3期

あけておき，示範されたものを見て両方とも入れさせます。菓子カードを用いて同様に行ないます。

4. 図形プリントA，B，C，Dについて児童に描かせるようにします。

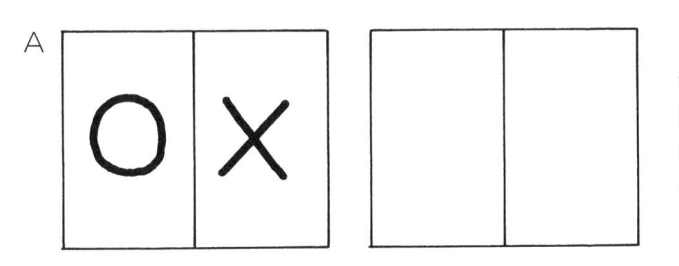

簡単な形の違いに気づいて，位置を考えて書きこませます

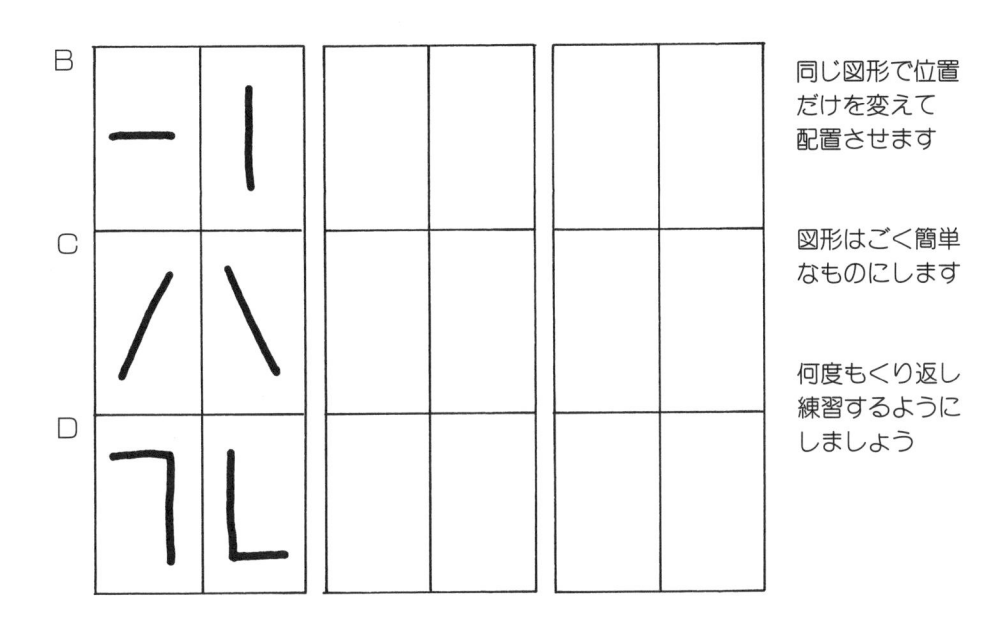

同じ図形で位置だけを変えて配置させます

図形はごく簡単なものにします

何度もくり返し練習するようにしましょう

生活への発展

- 同じ並べ方をくり返して連続もようを作らせます。
- 三角や四角の小旗を交互の位置になるようにかざります。
- わつなぎを作るとき2色の色紙で交互につなげ，配色の美しさに気づかせます。
- 身のまわりのものの整頓のしかたを指導します。
- 食器の並べ方をきめて，いつも同じような位置に並べます。

おぼえてあてよう

（形を記憶する）

ねらい

　ひらがなの中には，よく似た文字があって，読んだり書いたりするときに混同しやすいものです。そこで図形の細かい部分にまで注意してみることができ，判別できる必要があります。

1. 自分の経験と結びつけて記憶できる。
2. 全体から細部へと注意を向けて記憶できる。
3. 位置，向き，大小，数の関係から記憶できる。

準備する物

- 図形カード，文字カード。それぞれ示範用および児童提示用。

指　導

1. 形のよく似ている具体物の絵を描いたカード（別図A）を5枚くらいずつ用意します。1組は児童の前に並べておきます。指導者は同じ絵カードを持っていることを知らせ，「その中の1枚をちょっとだけ見せる」「よく見ておぼえる」「見せたのと同じ絵カードを自分の前からとる」といったルールを指示しておきます。そして「1，2の3」といって注意を集中させながら1枚ずつ，5秒くらい見せて，児童の前にあるカードを選ばせます。児童が選んだあと再びカードを見せ，正しく選べたかどうか確認します。
2. 同じ具体物の絵を描き，添える物を少しずつ変えたカード（別図B）を用いて，1と同じやり方で行ないます。以下やり方は4まですべて同じです。
3. 同じ図形2個を大小，位置などを変えたカード（別図C）を用いて行ないます。図形はいろいろな図形を工夫してみてください。
4. ひらがなの中から混同しやすい文字をカードにして行ないます。鏡文字を入れておきますとかなりむずかしい学習となります。文字の例としては，＜は，ほ，よ，ま，も＞＜あ，お，ぬ，め，の＞＜し，つ，く，へ，て＞混同しやすい例としては，＜れ，わ，ね，ち，ふ，ぬ，ゐ，め，ゑ，ゆ＞。

かたち　第3期

生活への発展

- トランプを用いて形をいわせたり，数字をいわせたりします。
- 電車などに乗る際に，ホームへはいってきた電車の行き先表示板や，急行などという文字を記号として覚えさせます。

電話で買い物

(受けこたえができる)

ねらい

人に話しかけたり，応答したりすることがうまくできないために，社会性がなかなか伸びていかない児童が見うけられます。これらの原因は，・人に対する緊張が強い，・話しかけられる機会が少ない，・話しかけのことばがうまくつかえない，などが考えられます。

1. 緊張の少ない場面で気楽に話をすることができる。
2. はい，いいえ，わかりません，など適切な応答ができる。
3. 簡単な用件なら先生や家族や友だちに伝えることができる。

準備する物

- 受話器…新聞紙一枚を四つ折りにして児童の握りやすい太さに巻きます。セロハンテープでとめ，両端を少し折り曲げます。新聞をまるめて両端につけます。全体をアルミホイルで包みビニールテープで巻きます。

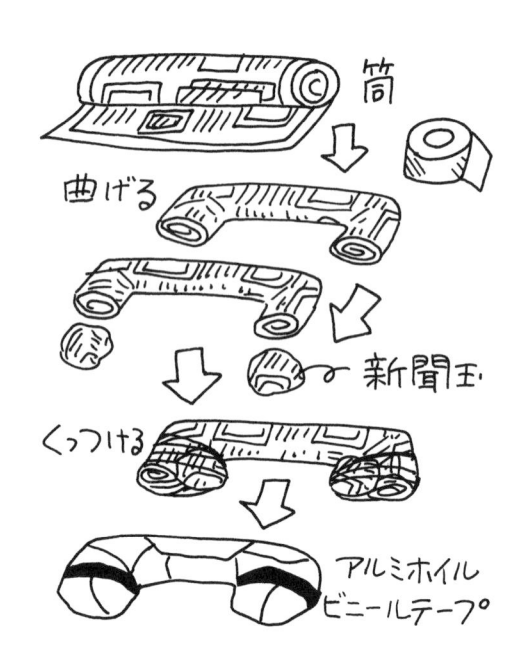

指 導

1. 「電話あそび」の歌をうたいます。そして電話のあそびをすることに期待をもたせます。児童に受話器を作らせますと，臨場感が一段と高まってきます。
2. 児童をお店やさんにします。お店としてはくだものや，花や，おもちゃや，おかしやなどがよいでしょう。電話あそびの歌が１回終わるごとに，指導者から児童に電話をかけることを告げておきます。毎回うたい終えるたびに「はい，〇〇さん」といって「もしもし」とかけます。
3. なまえを呼ばれたり聞かれたら，返事をすることを約束しておきます。そし

て,「○○さんですか」「○○がありますか」「○○をとどけてください」などといって応答をさせます。ときにはその店にないものをいってみる必要もあります。
4. 児童どうしでやらせてみます。ときには送話者になった児童のそばに指導者がついて，いろいろな用件をいわせるのもよいでしょう。たとえば「おかしやさんへ電話してキャラメル 6 個とどけてもらってください」などといって電話で伝言させます。

生活への発展

・ 自宅に電話がかかってきたときに，できる範囲で電話をとりつがせます。
・ 日常生活の中で指導者はなるべく多くのことばをなげかけて，それに応じた返答をさせるようにします。

電話あそび

プルプルプル……　プルプルプル……　で　ん　わ　で　す
だ れ か な　な ん の　ご　よ　う　か　な

ひもの両端に輪ゴムを
つけて話し合う二人を
つなぎます

受話器を持つ二人
が話している間は，
他の児童はだまっていることにします

お店ごっこ
(ことばをつかって用事をはたす)

ねらい

　見たことや体験したことを身近な人に伝えることができるようになったら，お店に買い物にいかせたりおつかいをさせたりしましょう。実際のお店で買い物をするには，
1. お店の人に話しかけることができる。
2. 買い物に必要なことばを知る。
3. 品物と数量とをはっきり覚えていうことができる。

このような言語経験をさせる必要があります。

準備する物

- 商品……児童の身近にあるものの形を画用紙に描いておきます。色をぬったり，切ったりするところは，できるだけ，児童にさせましょう。
- お金……10円玉10枚，100円玉3枚くらい。(品物が紙に描いた物のときは模擬貨幣で)
- 看板……文字が書ける児童には自分で書かせます。

指　導

1. 買い物の経験を話し合います。自分が何やさんになるかをきめて，売る商品をはっきりさせます。
2. 売り手と買い手の立場をはっきりさせます。売り手は買い手に対してお金と引き換えに品物を渡すことを約束します。自分の作品で気にいったものがあると売りたがらなかったり，売り手がお金を出したりする児童もありますので指導を要します。
3. 買い物に必要なことばの学習をします。この期の児童には，
　　　売り手として　いらっしゃい　なんですか　いくつですか
　　　　　　　　　　いくらです　ありがとう
　　　買い手として　ください　何々を　いくつ　いくらですか

などのやりとりに必要なことばを指導したらよいでしょう。

4. ごっこの発展として実際場面で買い物をさせる動機づけをしておきます。買い物をするには言語経験の他に，・お金の受け渡し，・品物を吟味する，・お金や買った品物をたいせつにする，などの学習がたいせつです。

生活への発展

・　買い物ごっこを効果的にするには，その前に親や教師などとともに買い物にいき，実際の場面を見せておく必要があります。ときにはお金だけを払わせてみたり，指導者の口まねだけをさせるのもよいでしょう。

・　買い物ごっこだけに終わらずに，実際のお店へ買い物にやります。その場合，事前に親とともに買い物の経験を十分にしておく，お店の人に児童のできることとできそうにないことをよく話して頼んでおくことがたいせつです。理解のない店員に不適当な扱いをうけてかえって自信をなくす例も少なくありません。

・　初めはメモを持たせます。メモを使用しない段階になっても1品1個から始めて少しずつ数量を増していきます。数量は児童の数の把握の力を越えてはなりません。買いにやる物は，児童の知っている品物がよいのですが，そうでない時は，ことばだけでなく実物とかあき箱のようなものを見せて指示します。

・　学級，学園まつりに自作品でお店を開き，そのときに100円玉＝10円玉10コの等価交換をしたり，100円玉＋20円でジュースを買ったりします。

値札を作っておくとよいでしょう

120えん　表

100　10　10　裏

ことばおくり

(用件を伝える)

ねらい

　人に話しかけることが徐々にできるようになった児童に対して，学校の中や，学校と家庭，家族の間でいろいろな伝言をたのみましょう。
　伝言が正しく伝わるためには，
1. 依頼されたことの要件をまとめて聞きとることができる。
2. 相手にわかるように伝えることができる。

準備する物

・ 身のまわりにある帽子や本など2組ずつ。

指　導

1. 児童を2組に分けて，なるべく離れた位置に各組とも1列に並べ，向かいあわせます。
　　ルールを理解させます。ルールとしては次のようなことがあります。
   (1) 指導者が小さい声で用事をたのみます。よく聞いて次の人に伝えます。
   (2) 相手の組の人には聞こえないように耳のそばで伝えます。
   (3) 列の最後の人は聞いた通りに行動し，指導者の用件をはたします。
2. 一度練習をしてみましょう。ひとりひとり確実に伝わったかどうかを確かめて，うまく伝わらないところには指導を要します。
3. ゲームを始めます。初めの段階では1品ぐらいのものを持ってきてもらいます。たとえば「帽子を持ってきてください」と伝えさせて，最後の人が早く帽子を持ってきた方の組が勝ちとなります。
4. ゲームになれてきたら3品くらいまで指令します。たとえば「帽子とほうきとちりとりを持ってきてください」などといって伝えさせます。
5. 動作を指示して伝えさせます。たとえば「帽子をかぶってカバンをしょってきなさい」と指示します。このとき帽子とカバンを手に持ってきてもアウトとなります。このようなときに，各人の間をどう伝わったのか，もう一度やって

ことば　第3期

指導しておきましょう。動作をさせる例としては，本をひらいてください，窓をあけてください，机の上をふいてください，などいろいろ考えられます。

6. 伝言の要点をとらえて伝えさせます。「だれが，何をした」がうまく伝言されるようになったら，「だれが，どこで，何をした」というように伝言させます。この場合，最後の児童は指導者のところへ伝言をすることにします。「いつ」ということは，この期の児童にはまだ伝言することがむずかしいようです。どの段階の遊びでも，最後の人は順次交替をさせるようにします。

生活への発展

- 他の組の先生へ伝言をたのみましょう。
- 学校での日課を家庭へ，家庭であったことを学校へ報告させるようにしましょう。「おかあさんにこういってください」といって伝言をさせ，別に親にあてて用件をプリントして渡し，確実に伝言できたかどうかを確かめます。
- 親は，下校の途中で見聞きしたことや，友だちのようすなど，つとめて聞きだすようにしましょう。

一つのものを持ってくる

三つのものを持ってくる

決められた方法で持ってくる

以上のような段階で遊びを複雑化します

かりもの競争

(語として読む 1)

ねらい

　　ひらがなが読めるようになっても，初めは拾い読みが多く，意味のあることばとして読むのはむずかしいものです。先に文字を組み合わせてことばを作らせた児童に対して次のような学習をします。
1. 文字で表わされたことばを読んで具体物と結びつけることができる。
2. 語として読むことになれる。

準備する物

- ことばを書いたカードとその具体物……たとえば「ばけつ」と書いたカードと実物のばけつというような組み合わせを人数分だけ用意します。

指　導

1. ルールを理解させます。ルールとしては，(1)一定のところにおかれたカードを任意にとること，(2)カードに書かれたことばを読むこと，(3)書いてあるものを読みとってその具体物を持ってくること，(4)早くゴールインしたものが勝ちとなること，などがあります。
2. どんなことばが書いてあるかをはっきりさせておきます。ことばのカードを1枚ずつ提示して児童に読ませます。ゲームのときには任意のカードをとるのですが，どの児童でも一つは読めるようにしておきます。あまり読めない児童に対しては，特定のカードを指定しておく必要もあるでしょう。ここでは品物と文字との結びつきは行ないません。
3. なるべく広い場所を利用して「用意ドン」でゲームを行ないます。カードを語として読んで具体物との結びつけを行なうわけですが，たとえば「かばん」の「か」だけを読んで「かばん」と判断してしまうことのないように，同一頭文字の具体物「かさ」「かぎ」「かるた」など幾種類かを置いておきます。
4. 具体物を持ってゴールインしたら指導者とともに必ずカードを読み直して確認します。

5. スピードを競うばかりでなく，1品ずつ組み合わせては確認しながら，たくさんの組み合わせを作る競争をしてもおもしろいでしょう。この場合は，カードも品物もできるだけたくさん用意する必要があります。
6. カードに書いておくことばには，具体物ばかりでなく「おとこのこ」とか「おじいさん」「あかいもの」「まるいもの」など児童の理解できる範囲でやや抽象的なことばをいれてもよいでしょう。なれてきたら運動会のゲームとしても最適な教材です。

生活への発展

- えんぴつ対談のように簡単な依頼文を書いておいて用件をたのむのもよいでしょう。たとえば「これをしてください」といって＜ごみをすてる＞といったカードを渡します。ただし話しことばを用いないでこういう形式でばかり用事をたのむことはよくありません。

具体的なことばから，抽象的なことばでも
えらぶことができるようになります

おつかい競争

（語として読む　2）

ねらい

　語として読めるようになると，ことばの内容がいろいろと理解できるので，日常生活の上に役立つのだということを体験させたいものです。先に「かりもの競争」では具体物を示すことばについて学習しましたが，ここでは場所を示すことばを理解させましょう。
1. 語として読むことによって自分の行き先がわかる。
2. 書かれたことばと自分の行動とを結びつけられるようになる。

準備する物

- 行き先表示板……ボール紙に円を描き，円心から6等分して，そこに行き先を書いておきます。──Ⓐさらに，同型のボール紙を切りぬいて，6分の1だけ扇形に切り取ります。──Ⓑ
　Ⓐの上にⒷを重ねて中心をピンなどでとめ，Ⓑの方は自由に回るように作ります。（作り方の例　別図）
- 行き先を書いたカード。

指　導

1. 児童は順番に行き先表示板を回します。扇形のところにあらわれた行き先を示すことばを読みとります。別に置かれた行き先カードの中から，今表示板にあらわれた行き先と同じものを選び出して手に持ちます。
2. 行き先の例としては，「とだな」「こくばん」「いりぐち」「すいどう」など指導者の位置から目にふれることのできる所がよいでしょう。
3. 全部の児童がカードを手にしたら，ひとりひとり行き先を確認して一線に並ばせます。「用意ドン」で，指定された所をさわって帰ってきます。早くさわって帰ってきた順序に並ばせ，次のゲームの順番にします。児童にとって表示板を回すことは，ルーレット遊びのようなもので回る楽しさ，あらわれる文字への期待があり楽しみなことです。「早く回したい」という気持ちから「早くさわ

ことば 第3期

ってきて，早く並ぼう」という意欲がふくらみ，このような意識がでてくればゲームとして成功でしょう。

4. 自由あそびへの発展をはかり，校庭や外で行ないます。先にⒶの紙に描いたような図表を地面に描きます。文字は児童から見て一方からだけ読みやすいような方向に書きます。行き先は「ぶらんこ」「すべり台」「げんかん」「でんしんばしら」など児童の経験からはっきり意識できる所がよいでしょう。

5. 一定の距離をきめて線をひき，そこから行き先を書いた図表にむけて順に児童に石を投げさせます。はいった場所の行き先を読んで，先と同じようにカードを取らせます。円形の中に石がはいらないときには，はいるまでやり直させます。

6. 全部の児童が終わったら一線に並んで，指定された所をさわって帰ってくる競争です。この遊びは「文字を読む」だけでなく目的に向って投げることから見通す力を養うにも適当な遊びです。

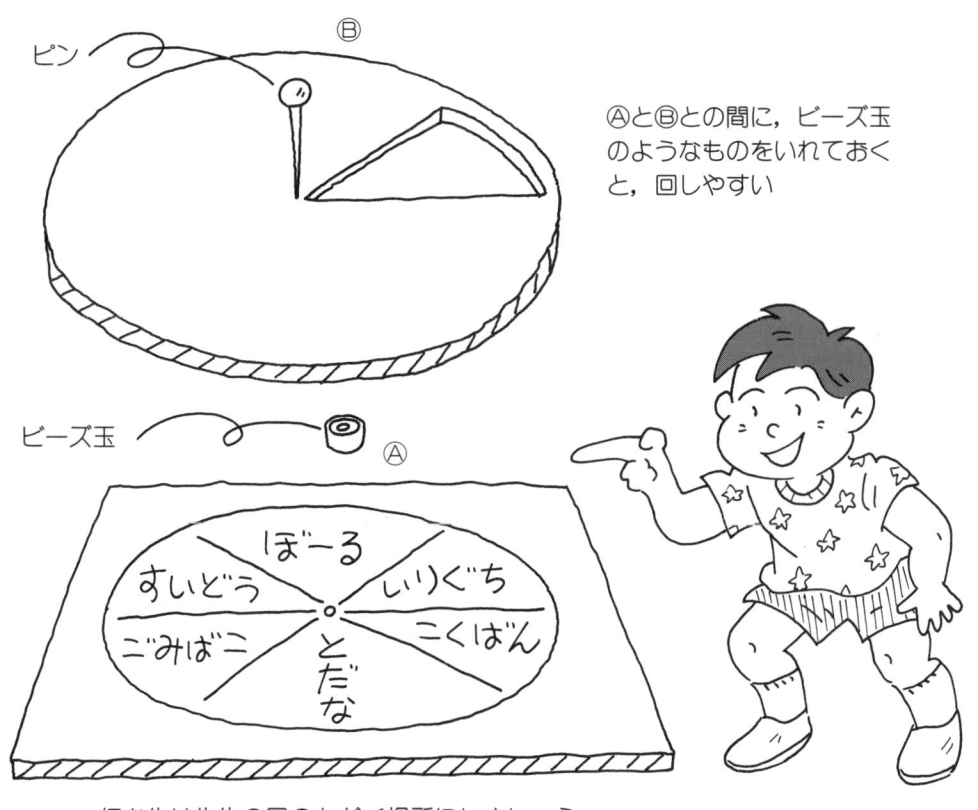

ⒶとⒷとの間に，ビーズ玉のようなものをいれておくと，回しやすい

行き先は先生の目のとどく場所にしましょう

「しゃ」と「しや」

(拗音・促音・長音などを読む)

ねらい

　ひらがな五十音を一文字ずつ読めるようになると，絵本などの文章を拾い読みしたがるようになります。そのとき，拗音や促音や長音などで表現されたことばにぶつかってとまどうことがよくあります。

1. 拗音や促音や長音を聞きわけたり発音したりできる。
2. 拗音や促音や長音が使われていることばを知る。
3. 拗音や促音や長音が含まれたことばを一音一音に分けることができる。
4. 拗音や促音や長音などの表記上の約束がわかる。
5. 拗音や促音や長音などが読めるようになる。

　このためにここでは遊び方の紹介ではなくて，指導例として拗音の指導法をのべることにします。それによって促音や長音の指導法へ展開しながら理解していただきたいと思います。

準備する物

- 絵入りのフラッシュカード……お医者さんの絵と「いしゃ」という文字語，石やさんの絵と「いしや」という文字語。
- 文字だけのフラッシュカード……指導すべき拗音，促音，長音を書いておく。

指　導

1. 拗音を発音させるために「おもちゃのチャチャチャ」とか「しょうじょう寺の狸ばやし」などの歌をうたわせましょう。また汽車の擬音「しゅっしゅっ」やねこやねずみの鳴きまねなどもさせます。まず初めは拗音をからだで感じとらせます。
2. 拗音の使われていることばをみつけ出させます。たとえば「『しゃ』のつくことばさがし」などです。
3. 絵入りのフラッシュカード2枚を児童に見せて「どちらが『いしゃ』か」をわからせます。ここで重要なことは「しゃ」について「しに小さくやを書いた」

と説明しないことです。「いしや」については，⑰，⓪，㊋と読むようにし，「いしゃ」については，⑰，㊑というように，㊑を一文字のごとく扱います。

4. 2枚のカードを早い速度で適宜に見せながら「いしや」「いしゃ」といわせます。なれてきたら絵の部分を折りかくして反応させましょう。くり返し行なうことによって「しゃ」の読みがわかってきます。

5. 「しゃ」のつくことばをカードに書いて児童に見せます。「きしゃ」「じどうしゃ」「でんしゃ」など，「しゃ」の部分の色を変えて，発音の場合も「しゃ」を強化するようにします。

6. 「しゃ」「しょ」のフラッシュカードを早い速度で適宜に見せながら発音させます。小さく書かれた文字のちがいによって，発音がちがってくることをできるだけ早く判別できるように訓練します。拗音の学習は，フラッシュカードのおもしろさを生かして，ドリルしながら記憶させていく方法が必要でしょう。同じように，「しゃ」と「しゅ」をフラッシュさせたりし，なれてくるに従って似かよった拗音を三音くらい交互にフラッシュさせていきます。

かんばんやさん
(文字を見て書く)

ねらい

　　ひらがなを読んだり，なぞり書きをすることができるようになると，いよいよ，手本を見て書く段階になります。
1. 日常生活でよく目にふれる文字を視写することができる。
2. 手本をよく見て，字の大きさ，形の特徴に気をつけて書くことができる。

準備する物

- 画用紙にお店の絵などをプリントしておきます。看板の箇所には入れる文字数だけます目を書いておきます。ますの大きさは1辺が4～5センチメートルの正方形がよいと思われます。
- 看板の文字を書いた手本。ゴシック書体のひらがな文字で書きます。
- 2Bくらいのやわらかいえんぴつ。

指　導

1. 文字を視写する初めの段階としては，書きやすい文字を選ぶということもたいせつですが，それを日常よく目にふれるような形式で指導することはよりたいせつなことでしょう。児童にとって一番身近な文字としては，自分のなまえやともだちのなまえがあります。また，買いものごっこの看板書き，動物園作りの動物名札を書かせるなどの活動を通して，文字を視写する学習を行なうことができます。
2. お店の絵を見せてそこで売られている物のなまえをいわせ，何やさんかをあてさせます。看板に文字が書いてないことに気づかせ，指導者が書いて見せます。児童のひとりひとりが看板やさんになって文字を書いていくことを知らせます。「うたの町」の歌などをうたって楽しい雰囲気を作りながら，「どの看板やさんがきれいに書くかな」と励ましてやりましょう。
3. 「まちがえた看板を書かないようにしっかり読んでおこう」といって一つ一つの手本看板を提示して読ませます。

4. お店の絵と手本看板との結びつけをさせます。看板文字の書いてないお店のプリントをわたします。指導者の前において，手本看板から自分のプリントに書かれたお店に合った看板を選び，プリントの上にのせます。競争で行なってもよいでしょう。
5. 手本看板の文字を視写させます。書きあがったお店に色をぬらせ，切りぬいてはったりして町を作ってもよいでしょう。

生活への発展

- 色模造紙にえんぴつで罫をひいておき，フェルトペンで歌の本を視写させます。指導者がまわりに楽しい絵を描いてやりますと，学級全員が見られる大きな歌の本を作ることができます。全員の児童が読めるような文字を書かせるために，えんぴつの下書きの上をなぞらせる場合もあるでしょう。
- 七夕のときにたんざく書きを利用して，手本を見ながらていねいに書く指導をします。

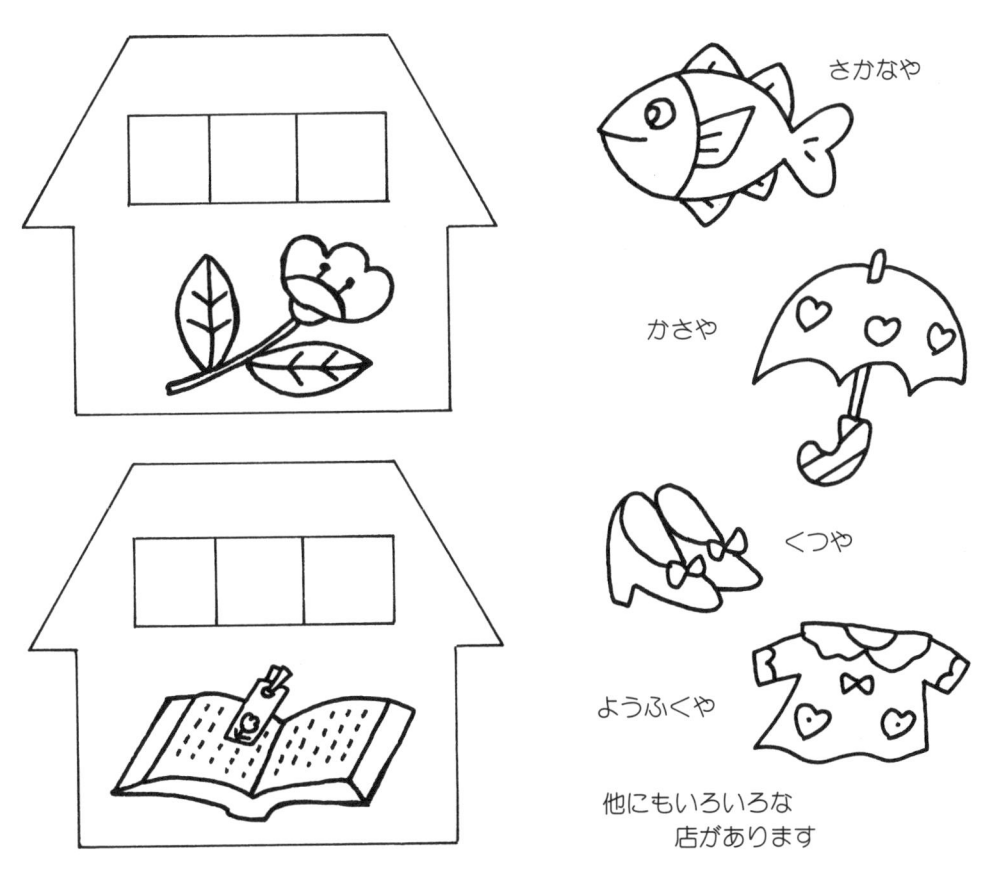

さかなや

かさや

くつや

ようふくや

他にもいろいろな店があります

字 か く し

(覚えた文字を書く)

ねらい

　　ひらがなを見て書くことができるようになったら，覚えた文字を見ないで書けるようにしたいものです。
1. 覚えた文字を書いてみたいという意欲をおこさせる。
2. ほかの人にも読めるような文字が書けたというよろこびや自信をもつ。

準備する物

- なるべく太く長いくぎ……先を少しばかり丸くしておく。
- 白色のクレヨン。
- 画用紙か障子紙……白色のもの。
- 容器に水を汲んでおく。

指　導

1. 指導者は地面にくぎで文字をほっておきます。なるべくはっきり深くほります。文字は「て」とか「く」のような簡単な形のものから始めます。ほった上から土を軽くかけておきます。児童に対して「ここに字がほってあります。何という字かあててください」といってそっと土をはらいのけます。土の除き方，指先で文字をさぐる方法を見せて理解させます。再び土をかぶせて児童にほらせてあてさせます。児童が読めたときにはしっかりほめてやります。
2. 1を何回か行ないますと児童は字がほりたくなります。そこで児童にほらせて指導者があてます。完全な文字になっていなくとも指導者は了解してあげて読んであげましょう。書くことへの興味をつけることがたいせつです。
3. 指導者はまっ白な画用紙か，障子紙の上に白色のクレヨンで文字を書いておきます。児童に「何という字が書いてあるか」をあてさせます。白い紙の上に白文字ですからよく読みとることができません。そこで，読みとる方法として「水の中」へ紙をくぐらせます。この場合「はじき画」と同じように水に少し色をつけておいてもよいですが，ま水でも水から紙をあげますと，はっきり文

ことば　第3期

字が読みとれるようになります。児童は文字の現われる紙のしかけをふしぎがってその作り方に興味を示すことでしょう。

4. 文字の現われる紙の作り方を指導します。初めは一文字だけ書くようにします。クレヨンの持ち方，力の入れ具合を指導しながら児童自身に水へ入れる楽しさを体験させます。
5. 初めは指導者が文字を書いておき，児童は紙を水に入れて判読することだけをします。次に児童にも文字を書かせ指導者と交互に読みあって遊びます。

生活への発展

- あぶり出しを作らせて遊びます。食酢または焼きみょうばん液を用います。割りばしの先を少しとがらせて更紙などに書かせるとよいでしょう。あぶり出すのはなるべく大人がやってみせるようにして，火の扱いの指導もしておく必要があります。
- 背中の文字，てのひら文字と併行してもよいでしょう。

ブロックなどでゴシゴシこすってくぎの先をまるくします

くぎの長さは手からはみでる10〜15センチメートルのものがよいでしょう

ぬけ字さがし
(脱字に気づく)

ねらい

短い文を綴ることができるようになった児童が、表記上誤りやすいこととして脱字があります。文を綴る初めの段階としては、綴ることばを一音一音発音しながら描いていきますが、このとき、児童は発音したことによって書いたと思ってしまい、往々にして脱字をしてしまうものです。

そこで、

1. 脱字のあることばを見て、指定されたところに適切な文字を入れることができる。
2. 脱字があると意味が通じないことがわかる。
3. どこがぬけているのか、何という字がぬけているのかがわかり、訂正することができる。

準備する物

- 具体物の絵とそれを表わすことば（脱字をしておく）を書いたプリント用紙。
- 脱字のある文例……示範用として大きなカードに書いておきます。
- くさび札。（図参照）

指 導

1. 絵に描かれた具体物のなまえをいわせます。つぎに脱字のあることばを読ませて、「ここの字がぬけています」と指示して、何という字を入れたら絵に描かれた具体物のなまえと一致するかを考えさせましょう。脱字の部分には○を描いてはっきりさせておきます。児童にとっては語尾の脱字が一番みつけやすいでしょう。
2. 脱字の部分の○をとって空間をあけておき、脱字の部分を自分で発見できるようにしむけます。やり方は1と同じです。
3. 短い文章の中で脱字をしておきます。2と同じように脱字の部分に空間を作っておきます。文章を何度も読んで、おかしいことに気づかせ、空間部分の文

字を考えさせましょう。
4. 黒板またはカードに短い文章を書いておきます。脱字部分には特に空間を作らずに文章の意味の上からおかしいことに気づかせます。
5. おかしい語句を見つけさせます。
6. 正しいことばを考えさせます。考えたことばにおきかえてみて文章にしてみます。おかしくないかどうかを確かめます。
7. 文字を入れるところを見つけさせ，くさび札をはらせます。くさび札に脱字した文字を入れて直させます。

こんこんなくのはきねです。（つ）	
くりをのみました。（す）	
つきでうちをつくりました。（み）	
あまいみんをたべました。（か）	
おおきなたこどんどんどん。（い）	
かみがわれました。（が）	
まどがすをふきます。（ら）	
つえのうえをかたづけます。（く）	

五 つ の 山

(5までの順序数がわかる)

ねらい

　児童の間で順序が問題になるのは，遊具を使うときや，勝ち負けを争うときです。この場合，順序をきめる手段となるものとして「早い順」「並んだ順」「背の順」「多い順」「じゃんけん」等が考えられますが，このような意識を土台として順序というものを考えていかねばなりません。たとえば，朝の会や体育で並んだとき「1番前，2番め……」といったことがなかなか理解できずに困ることがよくありますが，これは児童が並ぶ位置関係と「1，2，3……」の順序数で表わす関係がうまく結びつきにくいからです。そこで数詞を用いて順序を表わすことは，たえず遊びや実際の経験の上に立って指導がなされなければなりません。

1. 数詞の順序に関心をもつ。
2. 量や位置関係を順序数で表わすことになれる。

準備する物

- 正方形のカードを1人5枚。

指　導

1. 図のような山を紙などに描いて，五つに区切り，1から5までの数字を書き入れておきます。数字を読みながら「1」は「1の山」，「2」は「2の山」と説明しながら，「5の山」まであることを知らせます。
2. 指導者が手本を見せルールを知らせます。1の山へはいり，1から5まで数詞を唱えたら，2の山へはいります。数詞唱えがむずかしい児童に対しては指導者が唱えてやり，児童は聞いています。4の山になるとつま先で立たないと外に足をふみ出してしまいます。5の山は片足で立たなければなりません。このようにして，山を越えた数だけカードを受けとります。これが遊びのルールです。
3. 1人ずつ児童にやらせます。この時に並び方とゲームをやる順序をはっきり

きめておきましょう。1の山だけでも平衡感覚の乏しい児童にとってはかなりむずかしいものですが，児童によっては目をつぶって五つ数えるように指示してもよいでしょう。

4. 5の山までいかずに途中でだめになった児童には一巡して次の順番がきたら，だめになったところから行ないます。
5. こうして友だちのも見ながら1の山の次は2の山というように5までの数詞の順序が，かなりはっきりしてきたら「ストップ」をかけます。
6. 受けとったカードを並べて「だれが一番長いか」「だれが一番たくさんのカードをとったか」「だれが一番高い所までのぼったか」「2番は……」とくらべあいましょう。

生活への発展

- 5まで数える間じっとしていることは，落ちつきのない児童にとっては，待つという学習にもなります。
- 階段の1段め，2段め等と数えることもおもしろいでしょう。

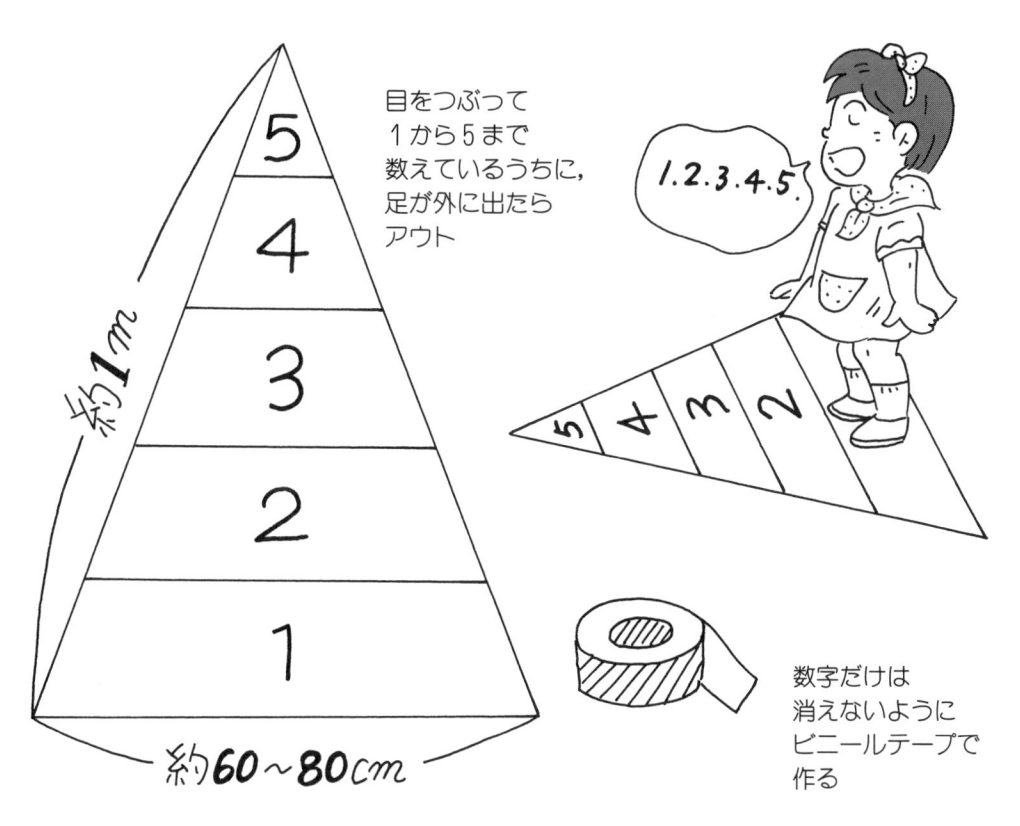

目をつぶって
1から5まで
数えているうちに，
足が外に出たら
アウト

約1m
約60〜80cm

数字だけは
消えないように
ビニールテープで
作る

数 字 絵 あ わ せ

(数字の順序に並べる　1)

ねらい

　日常生活において，いろいろな物の順序に気づき，順序正しく並べるという活動はたいせつなことです。順序を表わす手段として数を用いる場面を設定して学習させましょう。

1. 数字の順序に従って並べることができる。
2. 絵を見て順序のまちがいに気づく。
3. 数字の順序に従って正しく直すことができる。

準備する物

- 左図のように単純な絵を同じような形，大きさに切ります。切り方は横なら横だけ，縦なら縦だけに切ります。切った1枚1枚に順にはっきりと番号をつけておきます。
- 絵本などを利用して切りぬいてカードを作るのもよいでしょう。(10組ぐらい)

指　導

1. カードを数字の順に並べて絵あわせを行ない，できあがった絵を見せます。カードに書かれた数字を読ませて，数字の順序に並んでいることを理解させます。
2. カードをばらばらに置き，1の数字が書いてあるカードだけを渡し，2からあとは順に児童にさがさせて並べさせます。数字の順序に並べないと何の絵だかわからないような絵がよいでしょう。

かず　第3期

3. いろいろなカードについて同じように行なったあと，指導者はカードの一部を抜いておきます。数字の順に並べさせながら，不足のカードに気づかせ指導者にそのカードを請求させます。そのとき必ず数字をいわせるようにします。
4. カードをたくさん作ってお互いに請求しあって絵あわせあそびをしてもよいでしょう。

生活への発展

・ 教室の本やボールなどに番号をつけ，数字の順序で整理させると，紛失したものもはっきりしますし，整理もしやすいでしょう。
・ パズルなどで遊ぶのもよいでしょう。

グラビア紙や，雑誌の表紙で，簡単に作れます

二組も三組もいっしょにやらないようにしましょう

なにがなんだかわからなくなります

タワーづくり
（数字の順序に積む）

ねらい

児童にとってつみ木あそびは興味のあるものです。つみ木を高く積んだり順に並べたりする活動を通して，
1. たくさんの数字の中から，順序に従って数字を選び出すことができる。
2. 数字を並べる際に，数字の重複や脱落に気づくようになる。

以上のようにします。

準備する物

- つみ木（箱つみ木ならなおよい）に1から5までの数字を書いた紙をはっておきます。各数字は2組以上必要です。

指　導

1. 数字をはったつみ木2組以上をまぜこぜにしてへやの中央部に置きます。つみ木にはられた数字を任意にとりあげて児童に読ませます。
2. 1から5までの数字があることを知らせます。
3. 「これからこのつみ木を積んで高いタワーを作りましょう」といって，1が書いてあるつみ木は1階，2は2階，5は5階というようにつみ木を家にみたてさせます。そして1を一番下にして順に2，3，4，5と積んでいくことを指導します。このとき同じ数字が重なったり，順序がちがったり，ぬけたりしないよう注意をします。
4. 2人で競争してタワー作りをします。中央に置かれたつみ木の中から，数字の順序に従って選び出しては積むわけです。早く5階まで積むことのできた方が勝ちとなります。
5. タワーができあがったら，必ず全員で数字の順序を確認しなおしましょう。一方ができあがったときに「やめ」の合図をして，高さをくらべあってもよいでしょう。
6. つみ木の数と数字の範囲をしだいに広げていきます。つみ木の数があれば12

かず　第3期

階くらいまで積ませるとよいでしょう。12くらいまでの順序数を確実にしていくために，つみ木の数が少ないときには，一番下になるつみ木を5から始めてもよいでしょう。

生活への発展

- 本や洗濯ものなど物を積み重ねるときに「一番下」「二番め」というようなことばの指導をするとよいでしょう。

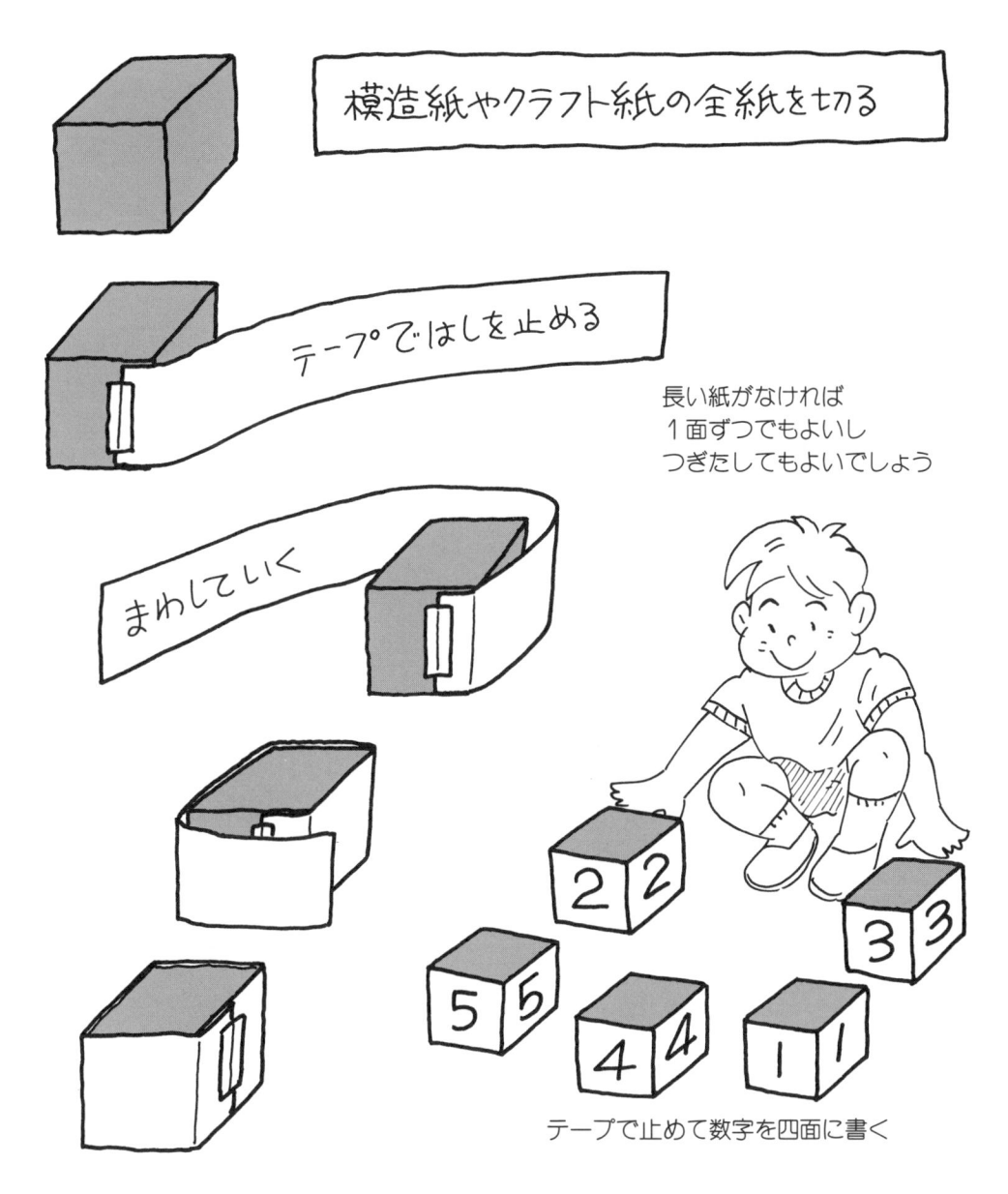

模造紙やクラフト紙の全紙を切る

テープではしを止める

まわしていく

長い紙がなければ
1面ずつでもよいし
つぎたしてもよいでしょう

テープで止めて数字を四面に書く

はしからたおすボーリング

（数字の順序に並べる　2）

ねらい

　　ボーリングは児童がかなり興味をもつ遊びの一つで，普通は「何本たおしたか」という集合数の学習に利用します。ボーリングを用いて数詞唱えや，個数を10くらいまで数えることができるようになった児童にちょっと変わったボーリングあそびをさせます。

1. 並び方や順序がわかる。
2. ボーリングのピンの順序と数字との結びつきをはかる。
3. 数を用いて順序を表わすことができる。

準備する物

・　1から10までの数字を書いたボーリング。家庭でボーリングがない時は白ボール紙をまるめてテープでとめる。ゴムまりで行なってもよいでしょう。
・　1から10までの数字を書いたカード。

指　導

1. ピンを横1列に並べます。次に数字の順に並べなおします。数字を順に読んでみます。ピンがどのように並んでいるかをはっきりさせておきます。
2. 遊び方のルールを理解させます。
　　一番左はしが1であることを知らせ，1をたおしてから2，3，と順次にたおしていきます。途中をぬいてたおしたのは無効となります。ただし，一度に何本かをたおした場合，順序がはしからつながっている場合は有効です。そして何番めのピンまでたおせたかで遊ぶのです。
3. ボーリングをする際に次の点をはっきりさせておきます。
　　○　一番初めにたおすピンはどれか。
　　○　次にねらうピンはどれか。
4. 競技が終わったら，何番めのピンまでたおせたか数字の順にピンを立てさせます。立て終わった時，最後のピンの数字と何番めかという数字とを一致させ

ます。
5. たおした分のボーリングのピンを全部うしろむきにして見えなくなった数字をあてさせます。児童の応答を確かめながらピンを表むきにします。
6. こんどは1本だけうしろむきにして，その数字をあてさせます。うしろむきになったピンの前後の数字から考えさせます。
7. さらに何本かうしろむきにして，1から10までの数字カードをピンの前へ置かせます。カードの数字とピンの数字があっているかを確認します。
8. 数字の順序をでたらめにした並べ方をして，1から順にたおさせます。数字の順序がはっきりしていないと，次にたおすのはどれかがわかりません。ピンの間は広めにあけておきます。

生活への発展

- たんすのひきだし，靴箱，帽子かけなどの順序が何番めというように数を用いて表わせるようにします。たんすのひきだしに数字札をはり，「三番めのひき出しに靴下があります」などと指示します。

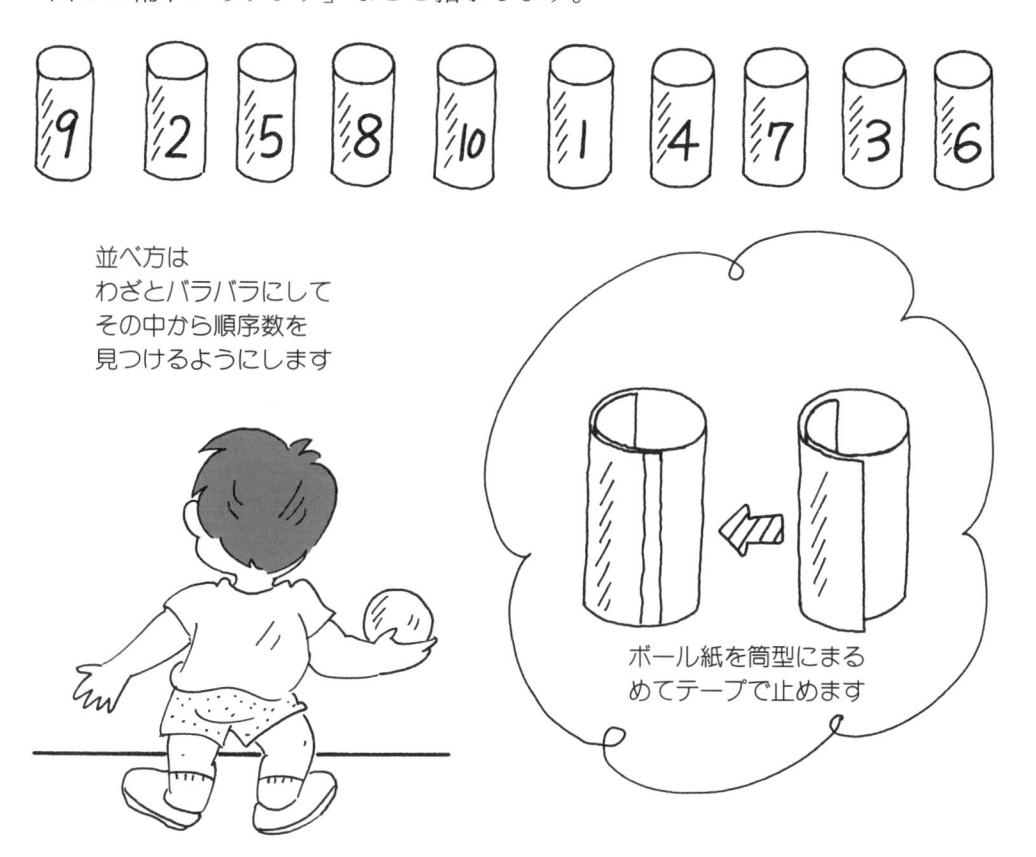

並べ方は
わざとバラバラにして
その中から順序数を
見つけるようにします

ボール紙を筒型にまるめてテープで止めます

床上すごろく

（数字と数とを結びつける）

ねらい

　数字で表わされた数についての概念を獲得することは，この期の児童にとってまだきわめてむずかしいこととなります。しかし数字を見て個数におきかえることは，その初歩の段階として少しずつ指導していく必要があるでしょう。

1. 数字で表わされた数を動作で表わすことができる。
2. 動くものや，直接目に見えないものを数えることができるようになる。

準備する物

- 床上に直径1メートルくらいの円を10個くらい輪のように配置します。なわとびで輪を作るか，フラフープのような輪を利用するとよいでしょう。
- 数字を書いたサイコロ1個。箱つみ木に数字をはってもよいでしょう。
- 点数カード……棒でもよい。
- 円の中へ数字を書くと，サイコロの数字と混同しやすいので円の中へ数字は書かずにおきます。

指　導

1. この遊びは床上を大きなすごろくと考えて，児童自身が駒となって進む遊びです。まず，わかりやすいように出発点の円をきめて，指導者はそこから一つずつとんでみせます。児童に数詞唱えをさせ，指導者のとんだ数をいわせます。このとき，数字を書いた小旗を1から5まで用意して，指導者のとんだ数に応じて小旗をあげさせるやり方もあります。
2. 児童を1人ずつ出発点の円の中に入れて，指導者は数詞をいいます。児童はいわれた数詞の数だけ円をとんでいきます。このとき，数詞をいうかわりに数字カードか小旗を見せてもよいでしょう。ここではいわれた数詞または数字を動作におきかえていくことをしっかり理解させましょう。
3. なるべく大きなサイコロを床に大きくふらせます。出てきた数字を全員で読むようにします。そしてサイコロをふった児童はその数だけ円をとんでいき，

かず　第3期

最後の数詞ではいった円の中へすわらせます。

4. ひと通りの児童がすむと2回めのサイコロをふります。1回めで進んだところからサイコロの数字の数だけとんでいきます。数を動作におきかえるのが困難な児童はサイコロの数字を読むだけにして，指導者は手をひいて数詞唱えをしながらとばせるようにします。このようにくり返しながら元の出発点を通るとき，得点カードを渡します。一周すると1点はいるわけです。

スタートを通りすぎるときに，カードを1枚もらいます

追いこしたり，追いこされたりするうちに順番をまちがえないようにしましょう

とけいはいまなんじ
(音を数える)

ねらい

数えることを確実に身につけさせるために,
1. 目に見えないものでも数えられることがわかる。
2. チャイムや時報の音などをよく聞いて数えることができる。
このようになることが望まれます。

準備する物

- 大だいこ,トライアングル,模擬どけい。

指　導

1. くらやみの中で鳩どけいの時刻を知る方法を考えさせます。1時間ごとになる時報音の数と,時刻とが一致することを知らせます。実際に鳩どけいをならしてみるとよいでしょう。
2. 模擬どけいで時刻を数字で示し,児童に「なんじ」といわせます。その時刻の数だけ「ボーン,ボーン」と時刻のまねをさせます。児童の唱えた「ボーン」の数を視覚させるために「ボーン」に合わせて黒板に○を書いていきます。○の数と時刻を示す文字盤の数字と一致しているかを確かめます。
3. 指導者が時報音のかわりにたいこをたたくことを告げ,児童にその音を数えさせます。初めはたいこを打つ動作をはっきり見せてたたくようにします。児童は動作を見て,音を聞きながら「1,2」と数え「○じ」と答えるわけです。これが困難な児童に対してはおはじきを5個くらい持たせ,音にあわせて1個ずつおはじきを出させるやり方をとってみましょう。やり方を知る段階では,音の数は3から5くらいまでがよいでしょう。
4. 指導者は模擬どけいの針を適当な時刻に合わせておき,うしろ向きにして児童に見えないようにしておきます。トライアングルを見せながらたたき,時報音を数えさせます。たいこよりも動作は小さくなります。ゲーム化するために,「とけいはなんじ,いまなんじ」とふしをつけるようにしていい,児童の聞く

かず　第3期

態勢を作り，それから「チーン，チーン」とたたくようにします。たたき終わった合図として「ハイッ」といってやり，それと同時に児童が答えるようにします。児童の答えに対して「そうです。そうです。○じです」といって模擬どけいを表にして文字盤を見ます。

5. なれてくるに従ってトライアングルを見せないようにしてたたいたり，たたく速さを少しずつ早くしたり，数を10くらいまでふやしていくようにするとよいでしょう。児童が声を出さずに数えることができるようになれば，さらに次の段階に進んだことになります。

生活への発展

- 拍手の音を数えさせたり，手の先の微妙な動きを数えさせたりすると新しい興味をもつようにもなり，注意を集中させる手段としてもよいようです。

とけいの音
楽器の音
拍手の音
みんな見えない
ものです

むずかしかったら
おはじきなどを
並べてから数えてみて
もよいでしょう

電報ごっこ

(見えないものを数える)

ねらい

　数えることを児童の生活の中にとり入れて，使えるようにするには「どのような場合に」「何を」「どのようにして」数えるかをはっきりさせなければなりません。この中で「何を」について，目に見えるものばかりではなく動きや音や感触なども数えることができるようになれば，数を使いこなす上に好都合といえるでしょう。

準備する物

- 玉入れの玉10個くらい，数字カード。

指　導

1. 児童を2組に分け，それぞれ向かいあって1列に並ばせます。組と組とはなるべく離れた位置に並ばせた方がよいでしょう。郵便やさんの話を聞かせながら，郵便やさんは手紙や小荷物を運んでくれることを理解させます。各組が郵便やさんになって手紙や小荷物を運ぶ競争をしようということになります。

2. 初めに各組同数の玉を運ぶことにします。玉をもらったら，次の人に渡すとき，必ず声に出して数えながら玉を渡すことを約束します。そのとき玉をもらう側もいっしょに数詞唱えをしてあげるとよいでしょう。最後に玉をもらった者は指導者に対して，数えながら玉を渡すわけです。指導者は玉を回収してから，今送った玉の数を各組1名ずつ任意の児童に問いかけます。正しく答えられた組が勝ちとなります。

3. 玉送りを何回か行なううちに，順に1人ずつ送るという手段がのみこめるようになります。こんどは指導者が数詞唱えをしながら各組の初めの児童の肩をたたきます。たたかれた児童は，いくつたたかれたか最後の数詞を復唱してから，その数だけ次の児童の肩をたたきます。このときも声を出して数詞唱えをしながらたたくようにさせます。このようにして順次にたたいていきながら，最後の児童は伝わってきた数だけ指導者の肩をたたきます。初めに送った数と

同数だけたたけた方を勝ちとします。

4. 　こんどは声を出さずに肩をたたいて伝えることを指示します。指導者は初めの児童に数字を書いたカードを見せます。たとえば「3」を見せますと，その児童から次々に三つずつ肩をたたいて伝えることになります。声を出さずに数えるには，たたく人が速度を一定にしてあまり早くならないように指導をすることがたいせつでしょう。数の範囲は6くらいまでが適当と思われます。最後の児童は指導者にたたかれた数を告げ，その数が初めに見せた数字カードと一致した方の組が勝ちとなります。

5. 　おくられてきた数だけたたくことを，能力的にできない児童が1人でもいると，遊びのおもしろさが失われてしまうこともあるので，そのような児童に対しては，指導者が組んでやるようにしたらよいでしょう。

肩たたきの要領で，トントンとたたきます

トランプあそび

(数字の大小をくらべる)

ねらい

数えたものを数字で表わすことを児童の必要場面でとらえてみますと，

1. できあがったものや，とったものをメモしておく。
2. 記述した数字の大小関係を比較しあって勝ち負けをきめる。

このようなときに行なわれます。運動会のときの得点板や，ゲームごとに行なわれる得点の記述，日課表や評価などにおける○や×の数，これらはたえず指導しなければなりません。そこで，数字で表わされた結果が児童に意味あるものとして受けとられるようになるためには，数字の大小関係をはっきりさせることが重要となってきます。

準備する物

- トランプ……絵カードをぬいて1から10までにしておく。
- 枚数を記入するプリント用紙。

指 導

1. 2人から4人までで遊ぶことができます。まずトランプをハート，スペード，ダイヤ，クラブ別に分けさせます。いずれかの1組を手に持たせて1から10までの数字があるかどうかを確認させます。
2. 自分の手持ちのトランプをよくきっておきます。トランプの数字を相手に見せないようにして，任意の1枚を手に持たせます。指導者の「1，2，3」の号令に合わせて，全員がいっしょにそのカードを出します。
3. カードを表にしてカードの数字をくらべます。一番大きい数字を出した人が，相手のカードも全部もらえることにします。数字の大小比較が困難のときは，トランプに書かれたマークの量を直観的に比較させます。この場合は2人ずつ行なわないとむずかしいでしょう。一度ゲームに使ったカードやとったカードは，収穫物として別にしておき，二度使うことはできません。
4. 同じようにして「1，2の3」で出しては数字の比較をしていくことをくり

返し，カードがなくなるまで行ないます。カードを1から10まで用意した場合には，10回行なえますが，児童によっては，数字の範囲をせばめて行うことも必要でしょう。

5. ゲームが終了したら，1人ずつ枚数を数え，プリント用紙に数字で記入します。参加した人のなまえと枚数を全部記入できるようにして，1回ごとに，プリント用紙をかえるとよいでしょう。記入された数字の大小関係で勝ち負けを判定させます。またそれを確認するために，とったカードを並べさせて対応によって比較させ，数字の大小比較と一致することを知らせます。

生活への発展

- 日常生活の中で指導しているものを重点的に10項目くらいあげ，毎月○や×で評価していきます。1日の終わりに○の数を数えて数字で記入させ，その数字の大小に応じて合格印を押してやったり，手づくりの賞状を与えたりします。

同じ数字のカードが出された場合には，その場につんで，次に勝った子どもがとるようにしたり，

大きい数字のカードだけ，引き分けにしてやるとよいでしょう

点　と　り

(数字の数だけ数えとる)

ねらい

　数詞唱えが30までできたとか，数字が10まで読めるとかいっても，それが個々別々にできるだけでは数として身についたとはいえません。数字のもつ数量的な意味を理解させるためにも，
1. 数字で表わされた数だけ，数えとることができる。
2. 数字には大小関係があることを知る。

ような学習が望まれます。

準備する物

- 駒……ボール紙を丸く切ったものか，牛乳のふたを3枚ずつはり合わせます。めいめい異なった色でぬりわけてもおもしろいでしょう。
- 得点玉……シールでもよいでしょう。
- 台の上に直径50～60センチメートルくらいの二重円を描き，内円には2，外円には1と書いておきます。(別図)

指　導

1. ゲームを行なう順番をきめます。駒をとばす要領を指導者が示範して見せます。台の端に少しはみ出すようにして駒を置きます。手のひらを広げて駒を軽くとんとたたくようにしますと駒がとびます。力を入れすぎると台からとび出てしまうこと，力が少ないと円に到達しないこと，ねらいをつけないとうまく円にはいらないこと，などを実際にやって見せながら理解させます。児童に1人ずつやらせて，こつをのみこませておきます。
2. ゲーム開始にあたってルールを理解させます。つまり，内円に駒がはいったら2点として得点玉を2個とってよいことにします。外円の場合は1点として1個，はいらないときは0点だから得点玉はもらえないことを約束します。何回戦（4回戦くらいがよいでしょう）やるかもはっきりさせておきましょう。
3. 1人ずつ順に駒をとばし，何点のところにはいったかを数字を読んで判断さ

かず　第3期

せます。数字の表わす数だけ，自分で得点玉をとるようにします。線上に駒が止まった場合には，その場に応じて何点与えるか，児童たちに考えさせて決めましょう。たとえば，駒のわたっている面積が線の内と外とどちらが広いかで，広い方の点を与えるとかもう一度やりなおしとかいろいろあると思います。このような場面こそ児童に思考をさせる絶好のチャンスですので，指導者がただちに何点と決めてしまうことはさけた方がよいと思われます。また0点を通して0の指導もたいせつなことです。

4.　約束した回数だけ行なったあと，得点玉を数えて，個人別得点表に数字を記入します。数字の上に得点玉を縦にセロハンテープではっていくようにすると数字と個数の結びつきがより具体的にわかるでしょう。得点表を見て数字の大小で勝ち負けを理解させます。内円，外円に書く数字は能力に応じてかえていくようにします。

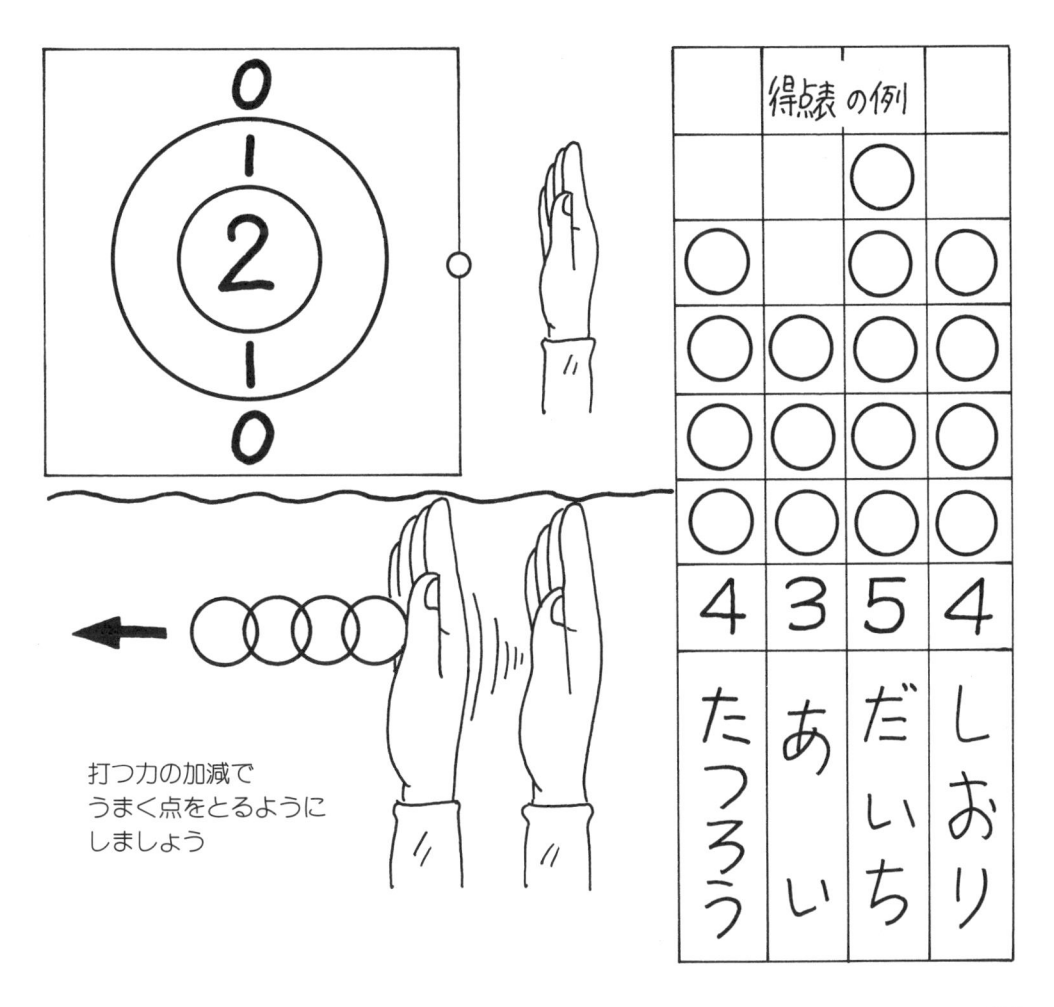

打つ力の加減で
うまく点をとるように
しましょう

得点表の例

		○	
○		○	○
○		○	○
○		○	○
○			○
4	3	5	4
たつろう	あい	だいち	しおり

カ　レ　ン　ダ　ー　(2)

(カレンダーを読む)

ねらい

　曜日の順序がわかり，日づけの数字が読めるようになった児童に対して，日づけと曜日との関係を理解させる必要があります。

1. どのようなときにカレンダーを利用したらよいかを知る。
2. 日づけの順序は横の系列で，曜日を知るのは縦の系列で見ることがわかる。
3. 曜日のくり返しがわかる。
4. 日，月，火，水，木，金，土，の漢字読みになれる。
5. 月の終わりの日と翌月の初めの日との関係がわかる。

準備する物

- 日，月，火，水，木，金，土，と書いたカード，日めくりカレンダー，月別カレンダー。

指　導

1. 行事とかプレゼントなどと結びつけて「○日に○○をします」といって，その日をカレンダーから見つけ出させます。その日に印をつけておき，折にふれて児童とともに見るようにします。
2. その日がやってくるまで，日めくりカレンダー（※注）の場合は1枚ずつめくっていき，その紙を別の大きな紙にはっていきます。月別カレンダーの場合は過ぎていった日に毎日×をつけていくようにして，印のついた日と時の経過をむすびつけながら意識させましょう。
3. 学校の休みの日をカレンダーからさがしてみるのもよいでしょう。
4. 別に，日，月，火，水，木，金，土，のカードを順に並べる遊びをしましょう。一文字ごとに読めなくとも，順に歌のように読んでいき，文字と対応すればよいでしょう。先にやった「あしたはなんようび」をみんなでうたい，歌にあわせてカードの中からあったものを選び出し並べさせます。日曜から土曜まで，書いた示範物の上に並べるようにしたらよいと思われます。ここでは，音

かず　第3期

でおぼえた曜日の順序を文字におきかえることがねらいです。

5. 日曜から土曜まで並べられたカードの下へ，毎日1枚ずつめくっていった日めくりカレンダーをはっていきます。日づけの順に横へ並べていったものが，土曜日の次になると，並べていく所がないことに気づかせます。土曜の次は日曜日ということは先に学習してあるので，日曜日をさがさせて，そこへはらせ，次の日から再び横に続けます。日曜ごとに段がずれていくことを知らせます。そうやって大きな月別カレンダーをつくります。

6. カレンダーのつくりがわかってきたら，「○日は何曜日か」といった曜日と日づけの関係だけをとり出した練習をします。しかしその前の段階として5までの学習を根気よく毎日毎日くり返します。少なくとも3カ月くらいはやる必要があるでしょう。

7. 月末の30日，または31日の次の日は翌月の1日になることも経験的に気づかせるようにしむけましょう。

注　最近では日めくりカレンダーはめったに手に入れることができなくなりましたが，順序数を生活に取り入れるために，よい教材だと思います。そこで日めくりカレンダーを手づくりすることをおすすめします。
　日を表わす数字を書いたカードをパンチで穴を開けてクリップでとめれば，月ごとの日めくりカレンダーをつくることができます。

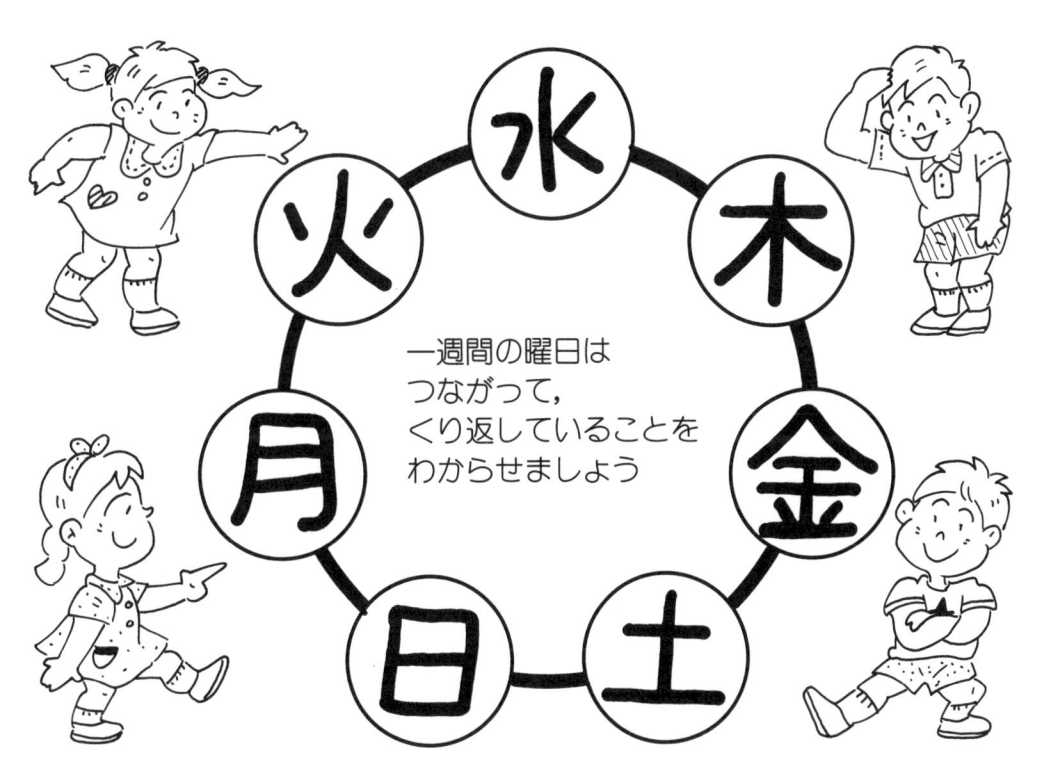

一週間の曜日はつながって，くり返していることをわからせましょう

第 3 期のまとめ

　3期を通して学習してきたことは，一つ一つの能力を少しずつ高めていくことだけでは十分ではありません。能力として身についたものがばらばらな力でなく，子どもの生活にはねかえって，統合されて生かされていくようになったかどうか，また全体としてあるものを個々に分化してつかむことができるようになったかどうか，が評価の重点となるでしょう。

　たとえば学級で「ひなまつり」にひなだんを作る活動をさせたとします。まず子どもたちは「ひなだん」をどのようにつかんでいるのでしょうか。階段状のものとして全体的にとらえる子ども。大きな台の上に順に小さな台がのっているように一段を一つのかたまりとしてみる子ども。高い段，低い段として高さの違いによって分けて見る子ども。――すでに学習したことが子どもの頭の中で，物事を分化してみるのにどのように役立っているのでしょうか。さらに，ひなだんを作る材料を選ばせたときに高さを考えにいれて（たとえば箱，つみ木など）選ぶ知恵が浮かぶかどうか。そして高さをそろえたり，高さの順に重ねたり並べたりするかどうか。おひなさまを並べるとき，対称の美しさを考えて配置するかどうか――。

　このように考えますと，一つ一つの学習のねらいを達成しても，それが生活を推進させ，豊かにしていく栄養素として吸収されて生かされていなければならないということです。本書が正しく利用されたかどうかは，いつも個々のねらいを子どもの生活の中に還元させていくことを考慮しながら行なったかどうかにかかっているといってもよいでしょう。そして3期を通して子どもが興味中心の遊びから，学習の構えをもって取り組むことができるようになれば，

学習→生活への応用→生活上の問題→解決のための学習→生活の拡大

といった，生きる力を育てる教育の道筋を立てることが可能となるでしょう。

ふろく (P.113)

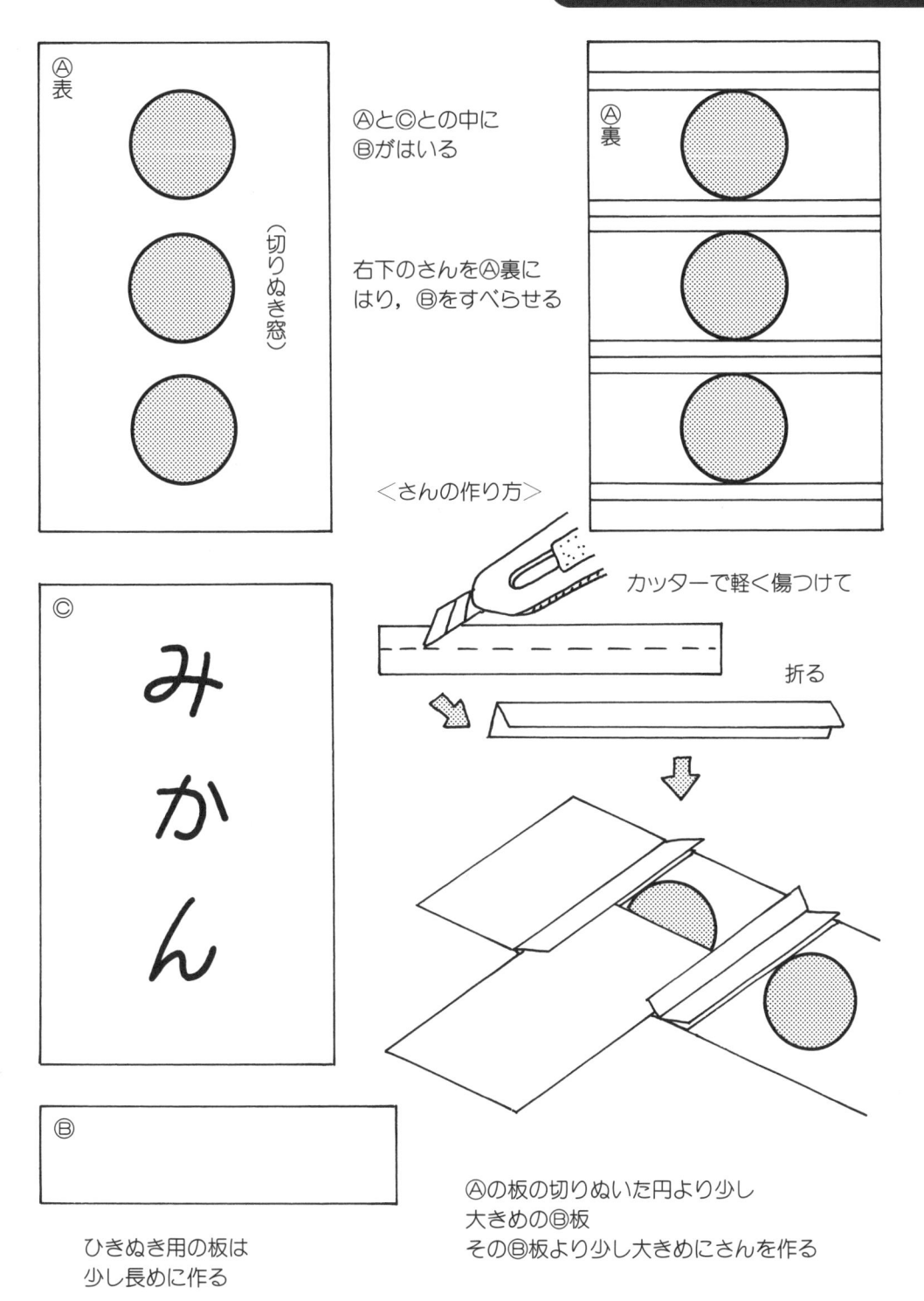

Ⓐ表 (切りぬき窓)

Ⓐ裏

Ⓒ みかん

Ⓑ

ⒶとⒸとの中にⒷがはいる

右下のさんをⒶ裏にはり，Ⓑをすべらせる

＜さんの作り方＞
カッターで軽く傷つけて
折る

ひきぬき用の板は少し長めに作る

Ⓐの板の切りぬいた円より少し大きめのⒷ板
そのⒷ板より少し大きめにさんを作る

ふろく（P.119）

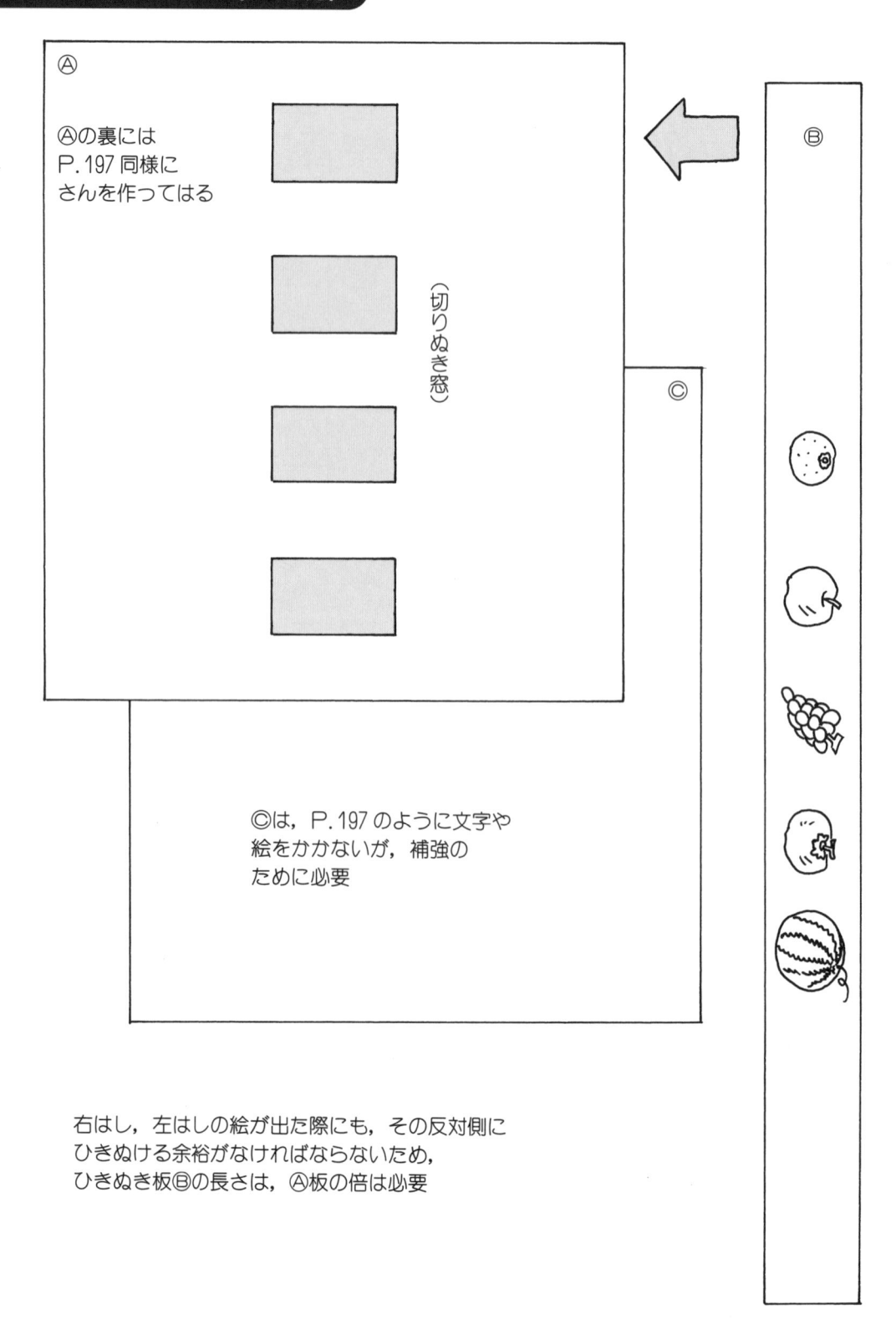

Ⓐの裏には
P.197 同様に
さんを作ってはる

（切りぬき窓）

Ⓒは，P.197のように文字や
絵をかかないが，補強の
ために必要

右はし，左はしの絵が出た際にも，その反対側に
ひきぬける余裕がなければならないため，
ひきぬき板Ⓑの長さは，Ⓐ板の倍は必要

■執筆関係者　企画：芸術教育研究所
　　　　　　執筆：国松五郎兵衛
　　　　　　図版・装丁：中村美保

■著者略歴　昭和7年4月　東京で生まれる
　　　　　　昭和32年3月　東京学芸大学学芸学部卒業
　　　　　　昭和32年4月　東京学芸大学附属中学校（特殊学級）勤務
　　　　　　昭和35年4月～平成4年3月　東京学芸大学附属養護学校勤務
　　　　　　昭和40年4月～49年3月　NHK教育テレビ「たのしいきょうしつ」出演指導
　　　　　　主な編著書：『からだ・しつけ・ことばの指導〈幼児〉』（黎明書房）
　　　　　　　　　　　　『よい子のさんすう』（14巻）（暁教育図書）
　　　　　　　　　　　　『学ぶ喜びを育てる精神薄弱児教育』（東洋出版）
　　　　　　現住所：東京都東久留米市小山1-15-13

お問い合せは……
芸術教育研究所
　　〒165-0026　東京都中野区新井2-12-10　☎03(3387)5461

障害児教育&遊びシリーズ⑧
かたち・ことば・かずのあそび90〈小学生〉

2002年8月10日　初版発行
2007年2月10日　9刷発行

編　集　芸術教育研究所
著　者　国松五郎兵衛
発行者　武馬久仁裕
印　刷　株式会社　太洋社
製　本　株式会社　太洋社

発行所　　株式会社　黎明書房

〒460-0002　名古屋市中区丸の内3-6-27 EBSビル
☎052-962-3045　FAX052-951-9065　振替・00880-1-59001
〒101-0051　東京連絡所・千代田区神田神保町1-32-2
南部ビル302号　☎03-3268-3470

落丁本・乱丁本はお取替します　　ISBN978-4-654-00058-6
© ART EDUCATION INSTITUTE 2002, Printed in Japan

障害児のための手づくりおもちゃ　B5判／164頁　2000円	芸術教育研究所編　障害児教育＆遊びシリーズ①　知的・身体的に障害のある子どもの発達段階に応じた68種のおもちゃを紹介。
からだ・しつけ・ことばの指導（幼児）　B5判／186頁　2500円	芸術教育研究所編　国松五郎兵衛著　障害児教育＆遊びシリーズ②　知的障害児の感覚・運動機能をのばす指導法を図入りで紹介。
障害児の音楽指導　B5判／150頁　2300円	芸術教育研究所編　松樹偕子執筆　障害児教育＆遊びシリーズ③　体を動かすことから歌唱、合奏までの指導法を図と楽譜入りで紹介。
障害の重い子のための「ふれあい体操」（CD付）　B5判／76頁　2400円	丹羽陽一・武井弘幸著　障害児教育＆遊びシリーズ④　障害児の心に届く歌とふれあいの体操を、図と楽譜・CDでわかりやすく紹介。
障害児のための授業づくりの技法　B5判／128頁　2300円	太田正己編著　障害児教育＆遊びシリーズ⑤　個別の指導計画から授業研究まで／授業づくりのプロセスを養護学校での実践に基づき紹介。
イラストでわかる障害児のリトミック指導　B5判／172頁　2700円	望月・山浦・齋藤・土野著　障害児教育＆遊びシリーズ⑥　リトミック指導を自然動作反応，模倣動作反応，遊戯，総合にわけ，図と楽譜を交え紹介。
障害児の遊びと手仕事　遊具・教具のつくりかた　B5判／156頁　2500円	森　哲弥著　障害児教育＆遊びシリーズ⑦　子どもの条件に合った65種の遊具・教具の作り方と遊び方を，イラストを交えて紹介。
障害児と共につくる楽しい学級活動　B5判／140頁　2600円	太田正己編著　障害児の授業＆学級経営シリーズ②　「学級活動の1年」，「学級活動の1日」などの具体的な実践の様子を詳しく紹介。
名言と名句に学ぶ障害児の教育と学級づくり・授業づくり　A5判／218頁　2400円	太田正己著　障害児教育にたずさわる教師を励ます先人の生き方と，障害児の学級づくり・授業づくりの技術を簡潔な言葉で紹介，解説。

＊表示価格は本体価格です。別途消費税がかかります。